Legislação tributária

inter
saberes

Legislação tributária

Adriana Ferreira Serafim de Oliveira

inter saberes

Rua Clara Vendramin, 58 . Mossunguê
CEP 81200-170 . Curitiba . PR . Brasil
Fone: [41] 2106-4170
editora@intersaberes.com
www.intersaberes.com

Conselho editorial Dr. Ivo José Both (presidente) | Dr. Alexandre Coutinho Pagliarini | Drª Elena Godoy | Dr. Neri dos Santos | Dr. Ulf Gregor Baranow

Editora-chefe Lindsay Azambuja

Gerente editorial Ariadne Nunes Wenger

Assistente editorial Daniela Viroli Pereira Pinto

Edição de texto Letra & Língua Ltda. - ME | Guilherme Conde Moura Pereira | Monique Francis Fagundes Gonçalves

Capa Charles L. da Silva (*design*) | Pakorn Khantiyaporn/Shutterstock (imagem)

Projeto gráfico Raphael Bernadelli | Silvio Gabriel Spannenberg

Diagramação Estúdio Nótua

Equipe de design Débora Gipiela | Charles L. da Silva

Iconografia Sandra Lopis da Silveira | Regina Claudia Cruz Prestes

EDITORA AFILIADA

1ª edição, 2021.

Foi feito o depósito legal.

Informamos que é de inteira responsabilidade da autora a emissão de conceitos.

Nenhuma parte desta publicação poderá ser reproduzida por qualquer meio ou forma sem a prévia autorização da Editora InterSaberes.

A violação dos direitos autorais é crime estabelecido na Lei n. 9.610/1998 e punido pelo art. 184 do Código Penal.

Dados Internacionais de Catalogação na Publicação (CIP)
(Câmara Brasileira do Livro, SP, Brasil)

Oliveira, Adriana Ferreira Serafim de
  Legislação tributária/Adriana Ferreira Serafim de Oliveira.
Curitiba: InterSaberes, 2021.
  Bibliografia.
  ISBN 978-85-227-0351-7

  1. Direito tributário - Brasil I. Título.

21-71539   CDU-34:336.2(81)

Índices para catálogo sistemático:

1. Brasil: Direito tributário   34:336.2(81)

Cibele Maria Dias - Bibliotecária - CRB-8/9427

Sumário

Apresentação, 7

Como aproveitar ao máximo este livro, 9

1 Direito tributário, tributos e espécies tributárias, 13

   1.1 Considerações iniciais, 14

   1.2 Tributo, 26

   1.3 Espécies tributárias, 31

   1.4 Natureza jurídica do tributo, 52

2 Obrigações tributárias, 57

   2.1 Considerações iniciais, 58

   2.2 Obrigações tributárias e fatos geradores, 63

   2.3 Base de cálculo das obrigações tributárias e alíquotas, 77

   2.4 Imunidade tributária, 100

3 Legislação tributária, 107

- 3.1 Considerações iniciais, 108
- 3.2 Princípios constitucionais, 111
- 3.3 Conceito de legislação tributária, 123
- 3.3 Interpretação da legislação tributária, 143
- 3.4 Interpretação literal, 149
- 3.5 Interpretação benigna, 150

4 Tributação no comércio exterior, 155

- 4.1 Considerações iniciais, 156
- 4.2 Comércio exterior, 161
- 4.3 Conceito de comércio exterior, 180
- 4.4 Tributos que incidem no comércio exterior, 193
- 4.5 Identificação dos tributos no comércio exterior, 204

5 Planejamento tributário, 209

- 5.1 Considerações iniciais, 210
- 5.2 Evasão e elisão, 211
- 5.3 O Brasil e o planejamento tributário, 225
- 5.4 Simulação, 252

6 Comércio exterior, 265

- 6.1 Relembrando o comércio exterior e o direito tributário, 266
- 6.2 Conceito de benefícios fiscais, 272
- 6.3 Benefícios fiscais do agronegócio, 301

Considerações finais, 315

Referências, 317

Sobre a autora, 327

Apresentação

PLANEJAR E DESENVOLVER UM LIVRO DEMANDA UM COMPLEXO processo de tomada de decisão. Por essa razão, uma obra revela um posicionamento ideológico e filosófico sobre os temas abordados. A escolha de incluir determinada perspectiva implica a exclusão de outros assuntos igualmente importantes, em razão da impossibilidade de contemplar todas as ramificações que um tópico pode apresentar.

Nessa direção, a difícil tarefa de organizar um conjunto de conhecimentos sobre um objeto de estudo – neste caso, a legislação tributária – requer a construção de relações entre conceitos, constructos e práxis, articulando saberes de bases teórica e empírica. Em outros termos, trata-se de estabelecer uma rede de significados entre saberes, experiências e práticas, assumindo que tais conhecimentos estão em constante processo de transformação.

Assim, a partir de cada novo olhar, de novas associações e de novas interações, diferentes interpretações se descortinam e outras ramificações intra e interdisciplinares se estabelecem. Embora desafiadora, a natureza dialética da construção do conhecimento é o que sustenta o dinamismo do aprender, movendo-nos em direção à ampliação e à revisão dos saberes.

Ao organizarmos este material, vimo-nos diante de uma infinidade de informações que gostaríamos de apresentar aos interessados neste tema. Fizemos escolhas assumindo o compromisso de auxiliar o leitor na expansão dos conhecimentos sobre a matéria tributária.

Assim, a primeira decisão foi abordar de forma introdutória os tributos e a respectiva normatização no âmbito brasileiro.

Cabe ainda esclarecer que o estilo de escrita adotado é influenciado pelas diretrizes da redação acadêmica.

A vocês, estudantes e pesquisadores, desejamos excelentes reflexões.

Como aproveitar ao máximo este livro

EMPREGAMOS NESTA OBRA RECURSOS QUE VISAM ENRIQUECER seu aprendizado, facilitar a compreensão dos conteúdos e tornar a leitura mais dinâmica. Conheça a seguir cada uma dessas ferramentas e saiba como elas estão distribuídas no decorrer deste livro para bem aproveitá-las.

Introdução do capítulo

Logo na abertura do capítulo, informamos os temas de estudo e os objetivos de aprendizagem que serão nele abrangidos, fazendo considerações preliminares sobre as temáticas em foco.

Exemplificando

Disponibilizamos, nesta seção, exemplos para ilustrar conceitos e operações descritos ao longo do capítulo a fim de demonstrar como as noções de análise podem ser aplicadas.

O que é?

Nesta seção, destacamos definições e conceitos elementares para a compreensão dos tópicos do capítulo.

Perguntas e respostas

Nesta seção, respondemos a dúvidas frequentes relacionadas aos conteúdos do capítulo.

Exercício resolvido

Nesta seção, você acompanhará passo a passo a resolução de alguns problemas complexos que envolvem os assuntos trabalhados no capítulo.

Para saber mais

Sugerimos a leitura de diferentes conteúdos digitais e impressos para que você aprofunde sua aprendizagem e siga buscando conhecimento.

Síntese

Ao final de cada capítulo, relacionamos as principais informações nele abordadas a fim de que você avalie as conclusões a que chegou, confirmando-as ou redefinindo-as.

Estudo de caso

Nesta seção, relatamos situações reais ou fictícias que articulam a perspectiva teórica e o contexto prático da área de conhecimento ou do campo profissional em foco com o propósito de levá-lo a analisar tais problemáticas e a buscar soluções.

1

Direito tributário, tributos e espécies tributárias

O FUNCIONAMENTO DO SISTEMA ESTATAL DEPENDE, ESSENcialmente, da arrecadação de contribuições pecuniárias no sentido de realizar manutenções necessárias para auxílio no desenvolvimento e no aperfeiçoamento da sociedade. Dessa maneira, o objetivo central do processo de arrecadação de tributos é, tão somente, prover recursos para a execução de políticas públicas.

Inicialmente, o processo de arrecadação de tributos não ocorria de maneira padrão, ou seja, a partir da interferência direta do Estado soberano, e, por isso, uma pequena parcela da sociedade detinha a posse dos valores arrecadados. Assim, o total arrecadado não era aplicado em prol da coletividade, ou seja, da sociedade, mas apenas em benefício próprio.

De maneira geral, o direito tributário compreende uma área jurídica entre sujeitos que têm a competência para arrecadação de bens financeiros a partir da cobrança, prevista em lei, por entidades competentes para o feito.

O conceito ético-jurídico do tributo está fundamentado no interesse coletivo, ou seja, o tributo é o processo de arrecadação de valores pecuniários que voltam para a sociedade por meio da solidificação de políticas públicas essenciais para sua existência.

1.1 *Considerações iniciais*

A partir do pressuposto de que não existe sociedade sem organização, o homem optou por viver em uma sociedade organizada, chamada de *Estado*. É preciso de um pouco de organização para o funcionamento da sociedade, principalmente no que se refere ao estabelecimento de relações. É por esse motivo que o Estado é composto de uma estrutura política, a qual tem soberania.

O grupo social, Estado, tem seu poder, intitulado *poder político* ou *poder estatal*. A chamada *sociedade civil* constitui uma reunião de pessoas com especificações culturais, políticas, étnicas e econômicas distintas e, para que seja possível manter a organização do espaço territorial, o sistema governamental deve se valer da imposição de regras para que os atos se limitem ao bem comum. Por isso, é importante que o Estado de direito edite limites necessários para toda a população, no sentido de que a vida em sociedade seja devidamente harmônica.

Nesse sentido, Fonseca (2008, p. 229-230) destaca que o funcionamento do Estado de direito depende da publicação de regras essenciais para a arrecadação de valores financeiros:

> O Estado publica normas jurídicas com vista a garantir condições de equilíbrio à coexistência dos seres humanos, impedindo a desordem, os delitos, resguardando direitos e a liberdade das pessoas. Tem a função de disciplinar o comportamento social dos homens.

Em seguida, os valores financeiros arrecadados pelo Estado são encaminhados para o setor competente, no sentido de que seja possível realizar atividades administrativas públicas essenciais para o bom desenvolvimento da sociedade.

O Estado necessita de recursos financeiros e, dessa forma, cria normas para promover o recolhimento de receitas. Em outros termos, para financiar suas atividades públicas, o Estado estabeleceu tributos. A principal função do tributo é, portanto, construir fundos para que as atividades do Estado sejam devidamente cumpridas.

Nesse contexto, o Estado desempenha atividades financeiras, a exemplo da arrecadação de receitas, da contratação de mão de obra e da aquisição de bens para prestar serviços públicos e bem atender às necessidades da coletividade. Em resumo, basicamente, o funcionamento do Estado, presume a existência de uma atividade financeira, que se baseia na obtenção de recursos sobretudo por meio de tributos, em sua gestão e em sua destinação.

Dessa maneira, o processo de tributação aplicado pelo poder estatal é um projeto essencial para o funcionamento da sociedade, visto que, mediante a arrecadação de recursos financeiros, os valores retornam por meio de políticas que beneficiam toda a coletividade. Por estar diretamente relacionado com o processo social, já que os valores decorrem da arrecadação direta de sociedade, o ato de tributação é entendido como instrumento essencial da vida social. Nesse sentido, Baleeiro (2015, p. 5) ressalta:

> Quando identifica a tributação no contexto dos anseios de satisfação das necessidades públicas, assim entendidas as privações, os desejos ou os estados de insatisfação experimentados pelos indivíduos, que somente puderam ser satisfeitos a partir da construção da vida em sociedade. Segundo ele, "o indivíduo, nas sociedades primitivas, isolado, pode caçar, pescar ou colher frutos e raízes alimentícias, mas a repulsa ao ataque de outra tribo, a luta contra animais ferozes de grande porte, a abertura das

primeiras sendas na floresta deveria ter exigido a conjunção de esforços na ação coletiva.

Todo e qualquer tributo deve ser sistematizado em um texto normativo ou, ainda, ser passível de (re)construção com base nele. Apesar da existência do tributo a partir de um sistema normativo, o ato de execução, nomeadamente *hipótese de incidência*, deve ser estruturado por meio de uma norma infralegal.

Observadas as exceções previstas na Constituição – que dizem respeito apenas às alíquotas de certos tributos –, todos os elementos do antecedente e do consequente da norma tributária devem constar do texto legal, sendo possível, de sua análise, identificar quem pagará o tributo (sujeito passivo), em que montante (alíquota e base de cálculo, ou outro critério de determinação do valor, que pode até ser fixo e estar indicado na lei), à qual entidade (sujeito ativo) e em quais hipóteses (elemento nuclear da hipótese de incidência).

É o que didaticamente dispõe o art. 97 do Código Tributário Nacional (CTN). Assim, ressalvadas as exceções previstas na Constituição, a ausência de um desses elementos do texto legal, que torna necessário o suprimento da omissão por atos infralegais (de modo a viabilizar a cobrança do tributo), enseja a impossibilidade de afirmar que o tributo fora instituído por lei, sendo forçoso concluir por sua invalidade.

O tributo, como realidade institucional, somente pode ser considerado como validamente instituído quando todos os elementos da definição em comento forem atendidos, além de respeitadas as demais normas da ordem jurídica que tratam da competência tributária e de seus limites. Pode ocorrer de o tributo ser instituído de maneira deficiente, preenchendo parte, mas não todos os elementos, da definição.

Se for instituída exação que não tem natureza contratual (sendo, assim, prestação pecuniária compulsória), a qual não consiste em indenização tampouco em penalidade pecuniária (não constituindo, desse modo, sanção), ela terá natureza tributária, no sentido de que deve submeter-se às regras inerentes à criação e à cobrança de tributos.

Há o risco, porém, de, mesmo sendo tributo, ela (indevidamente) não ser instituída em lei, ou sua cobrança ocorrer por intermédio de atividade discricionária. Nesse caso, haverá tributo indevido, o qual ainda assim será tributo (visto não se tratar de prestação contratual, indenização ou penalidade).

Do contrário, se assim não fosse, não existiriam tributos indevidos, e as limitações constitucionais ao poder de tributar não teriam sentido algum: bastaria criar um tributo por decreto para usar a justificativa de que ele "não seria tributo", por não ter sido criado em lei nos termos do art. 3º do CTN, não se sujeitando, assim, ao princípio da legalidade.

Devemos atentar, como dito, para o fato de que referido artigo apresenta elementos descritivos e elementos prescritivos, sendo inválida a exação que se caracterize como tributo por preencher os primeiros, mas se mostre como tributo inválido por não atender aos últimos.

Quando se trata de direito tributário, podemos identificar dois panoramas distintos. O primeiro se relaciona com os elementos normativos que sistematizam o funcionamento integral do processo fiscal que passa pela criação do tributo, pelo lançamento e, por fim, pela execução para sua cobrança. O segundo relaciona-se com os fatos que acabam por dar origem à norma fiscal e, nesse caso, envolvem valores morais e éticos que estruturam a sistematização normativa.

O outro significado para a expressão *direito tributário* é o de ramo do conhecimento, o ramo do saber humano que se ocupa das normas (e dos fatos e valores) referidos anteriormente, os quais representam seu objeto de estudo. Trata-se de algo semelhante ao que acontece com a palavra *direito*, sem especificações adicionais, que, por igual, caracteriza um conjunto de normas.

A questão relacionada com o processo de arrecadação de recursos financeiros por meio da aplicação de tributos integra-se à área do direito tributário, a qual, de acordo com Amaro (2009, p. 2), pode ser definida como:

> Direito tributário é a disciplina jurídica dos tributos. Com isso se abrange todo o conjunto de princípios e normas reguladores da criação, fiscalização e arrecadação das prestações de natureza tributária.

Dessa maneira, percebemos a grande importância do direito tributário no cotidiano da sociedade, sobretudo no que se refere ao processo fiscal, visto que é inerente ao funcionamento do Estado (território) o pagamento de valores por meio da instituição dos tributos, os quais, por sua vez, são estabelecidos por lei.

No âmbito da Constituição Federal (CF) de 1988, as questões tributárias são sistematizadas em seção própria definida como "Sistema Tributário Nacional", sendo este composto por regras amplas (princípios e normas) que visam garantir os direitos e as obrigações dos cidadãos (contribuintes). Portanto, a Constituição Federal estabelece um processo amplo para regular os elementos gerais do direito tributário, mas depende de outras regras mais específicas (infraconstitucionais) para que tenha sua execução plena. No sentido de compreender o processo de conceituação da tributação, Baleeiro (2015, p. 6) destaca:

> O conceito de tributação enquanto realidade no tempo e no espaço pode ser observado historicamente nos vários motins e mudanças de regime em consequência de reivindicações fiscais, como na Inconfidência Mineira, na "Gloriosa Revolução" britânica de 1688, na Independência das 13 colônias norte-americanas, nas dificuldades do Tesouro que levaram Luís XVI à convocação dos Estados Gerais, e que por sua vez culminaram com a Revolução Francesa, entre muitos outros exemplos.

EXEMPLIFICANDO

Com o intuito de arrecadar recursos financeiros para que sejam revertidos em políticas públicas, o direito tributário dispõe de regras essenciais que direcionam a forma como o Estado deve funcionar.

A compreensão sobre o funcionamento do processo de tributação pode ser compreendida de uma maneira distinta, ou seja, a partir de uma perspectiva eminentemente jurídica, quando se observa a ocorrência de fatos que acabam por implicar incidência tributária, a qual, em seguida, deve ser cumprida pelo contribuinte.

Apesar de o direito tributário ser uma área específica dos estudos observados na ciência do direito, não podemos limitar seu funcionamento a essa área, pois, em virtude de sua multidisciplinaridade, o fenômeno tributário encontra-se influenciado por várias ciências, sendo elas exatas ou inexatas, mas que acabam sendo essenciais para apresentar e justificar as perspectivas humanas na área econômica ou social.

Nesse sentido, sobre a relação do direito tributário com outras áreas jurídicas, como é o caso do direito penal, Machado (2016, p. 76) destaca:

> O Direito Tributário possui laços com o Direito Penal. Sendo que este último cuida dos chamados crimes contra a ordem tributária; com o Direito Previdenciário, por conta da disciplina da cobrança das contribuições por meio das quais se procede ao custeio da Seguridade; com o Direito Privado, onde muitas vezes surgem os institutos aos quais a lei tributária refere para atribuir efeitos tributários, como é o caso da pessoa jurídica, da distribuição de lucros, da venda de mercadorias, da prestação de serviços, da sucessão hereditária, e assim por diante.

Em resumo, assim como qualquer órgão do corpo humano guarda relação, mais direta ou mais distante, com qualquer outra parte do mesmo corpo, acontece com as partes de um sistema jurídico, não sendo diferente com o direito tributário.

Embora o estudo específico de suas disposições por uma disciplina autônoma seja necessário, por permitir maior aprofundamento, algo impossível a quem pretendesse dominar em detalhes todos os ramos do saber, é importante ter a consciência dessas relações e, também, das interações entre o sistema jurídico com outras parcelas da realidade, não podendo o estudioso do direito tributário isolar-se apenas nele. Aprofundar-se e especializar-se em um setor não é o mesmo que se fechar a constatações e contribuições oriundas de outras especialidades.

Quanto à designação, no Brasil tem predominado o uso da expressão *direito tributário*. Usa-se também a expressão *direito fiscal*, a qual, para alguns, seria mais estrita, por corresponder apenas às normas alusivas à cobrança de elementos fiscais por meio dos impostos, mas que não se referem aos outros elementos fiscais, como é o caso das taxas e contribuições de melhorias.

Entretanto, no que se refere ao termo *fiscal*, podemos compreendê-lo de maneira um pouco mais ampla do que o termo *tributário*, visto que a correlação com as atividades fiscais é maior do que aos aspectos inerentes à condição tributária, envolvendo também questões relacionadas com as receitas públicas.

Essa segunda compreensão parece mais adequada à realidade brasileira, que inclusive é dotada de figuras como a execução fiscal, a qual expressamente se presta à cobrança de dívidas tributárias e não tributárias (Lei n. 6.830/1980, art. 2º), a reforçar a compreensão de que *fiscal*, por englobar por igual receitas de natureza diversa, é, de fato, mais amplo que *tributário*.

Seja como for, as palavras não têm um significado único correto, dado pela natureza de forma apriorística. Seu sentido é atribuído por quem as ouve ou as lê, partindo de significados anteriores, bem como de elementos do contexto em que são usadas. Portanto, não podemos sistematizar em apenas uma designação, visto que ambas se referem ao processo de estruturação de um complexo conjunto de regras que se destinam ao Estado para que, a partir de sua arrecadação, seja possível reverter os referidos valores em benefício das atividades públicas desenvolvidas pelo território.

Quanto à autonomia, é relevante notar o que ela significa, tanto no que tange ao objeto, o conjunto de normas (e os fatos e os valores a ele relacionados), quanto no que diz respeito ao ramo do conhecimento que examina esse objeto. Nos dois casos, a autonomia é apenas relativa. Sobre a autonomia da área em análise, Machado (2016, p. 98) destaca que:

> Sua autonomia é relativa, considerando-se o conjunto de normas, porque a própria definição de uma proposição prescritiva como sendo uma norma jurídica pressupõe ter sido ela elaborada em conformidade com o processo previsto em outras normas, por uma autoridade dotada de competência também outorgada por outras normas, sendo assim falsa a ideia de autonomia de qualquer ramo ou divisão do ordenamento jurídico.

No que se refere ao ramo do conhecimento que se ocupa de tais normas, e dos fatos e dos valores a elas relacionados, a autonomia é também relativa, até porque o mesmo ocorre com a autonomia do objeto. Além disso, as divisões feitas pelo estudioso de qualquer parcela da realidade são artificiais, destinadas a facilitar a compreensão dessa realidade, não podendo ser levadas ao extremo de cegar o estudioso para o fato de que a realidade é bem mais rica e abundante do que a imagem simplificada que se faz dela, por mais detido e completo que seja seu estudo, dadas as próprias limitações da cognição humana.

Portella (2018, p. 35), sobre o processo de controle das finanças públicas no sistema governamental brasileiro, assim ensina:

> Um dos mais importantes instrumentos de controle das finanças nacionais, ainda é a tributação. Uma das mais eficazes armas de defesa do equilíbrio econômico nas crises inflacionárias, é a política fiscal, ao lado da política monetária de crédito. A renda, sobretudo a renda anormal dos que lucram com a inflação, deve ser o primeiro alvo do Fisco, na batalha contra a elevação dos preços. Por outro lado, a tributação também atua muito claramente no plano social, especialmente mediante a repartição de encargos e redistribuição da renda nacional. Fora de qualquer ponto de vista ideológico, essa redistribuição propicia a permanência e o crescimento da prosperidade geral, assim como as possibilidades de desenvolvimento.

O QUE É?

Ao se deparar com o termo *fisco*, devemos compreender que o Estado é o gestor soberano do patrimônio público, e isso inclui todas as questões financeiras do território.

Uma das finalidades do direito tributário é que ele se presta a "fornecer ao Estado os recursos dos quais este necessita para cumprir suas finalidades" (Machado Segundo, 2019). Uma reflexão histórica, porém, revela que o detentor do poder político sempre exigiu tributos, mesmo quando não havia regras prévias disciplinando como isso poderia acontecer. O direito tributário impõe limites à tributação, fazendo com que ela aconteça com amparo em normas preestabelecidas, respeitando a igualdade, a capacidade contributiva, a segurança (Machado Segundo, 2019).

Por isso, de acordo com Machado Segundo (2019), o direito tributário é o conjunto de normas jurídicas que disciplina a atividade de tributação, levada a efeito pelo Estado e pelas entidades a ele relacionadas, de forma que, na cobrança de tributos e de penalidades pecuniárias decorrentes da infração a deveres tributários, observem-se critérios e limites estabelecidos previamente na legislação.

Essa definição somente estará completa quando conceituarmos *tributo*. Quanto à apontada finalidade, que não é a de "prover o Estado", mas a de fazer com que esse provimento ocorra em respeito a limites preestabelecidos, como proteção dos pagadores de tributos, vale ressaltar que ela deve estar na consciência, também, de quem estuda esse sistema de normas, no âmbito do ramo do conhecimento que delas se ocupa. Nesse sentido, Machado Segundo (2019, p. 101) destaca:

> Para isso, deve proceder a uma análise falibilista dos textos normativos, cujo sentido há de ser determinado à luz dos fatos que disciplinam e dos objetivos a serem com eles alcançados, aberta a crítica e a posicionamentos divergentes. Investigações feitas por outros ramos do conhecimento, como pela Economia, devem ser levadas em conta, na medida em que dizem respeito a uma realidade que, em última análise, foi artificialmente dividida para

permitir várias abordagens apenas porque assim poderia ser melhor compreendida. O que não se pode é desprezar o tratamento dado a certos fatos pelo Direito em função de considerações econômicas, ou ligadas a qualquer outro ramo do conhecimento, o que é outra questão.

Por isso, a **ciência do direito tributário** deve ocupar-se do fenômeno da tributação, tentando compreendê-lo normativamente, ou, em outras palavras, com base nas normas jurídicas vigentes determinam que ele deve acontecer.

1.2 *Tributo*

A variação sobre a compreensão é bastante significativa, de forma que não se aceita a unicidade nos aspectos conceituais acerca do tributo, pois depende da perspectiva que o envolve, como é o caso dos princípios que valoram a existência do tributo.

Nesse sentido, de acordo com o sistematizado por Portella (2018), a compreensão de tributo pode ser analisada a partir de duas perspectivas: receita pública e elemento jurídico. No que se refere ao primeiro elemento, a receita pública, vejamos o teor do art. 9º da Lei n. 4.320, de 17 de março de 1964:

> Art. 9º Tributo é a receita derivada instituída pelas entidades de direito público, compreendendo os impostos, as taxas e contribuições nos termos da constituição e das leis vigentes em matéria financeira, destinando-se o seu produto ao custeio de atividades gerais ou específicas exercidas por essas entidades. (Brasil, 1964a)

O referido dispositivo legal especifica que as formas como Estado vai arrecadar receitas são distintas, não tratando apenas de uma única questão, como é o caso do tributo.

Já no que se refere ao processo de compreensão do tributo a partir de uma perspectiva jurídica, destacamos o especificado no art. 3º do CTN:

> Art. 3º Tributo é toda prestação pecuniária compulsória, em moeda ou cujo valor nela se possa exprimir, que não constitua sanção de ato ilícito, instituída em lei e cobrada mediante atividade administrativa plenamente vinculada. (Brasil, 1966)

A diferença entre as questões estabelecidas no CTN é real, pois, ao passo que determinado dispositivo se apresenta como um instrumento que é capaz de arrecadar tributos, o segundo dispositivo sistematiza o processo de materialização do tributo e, ainda, as consequências pelo não cumprimento do dispositivo legal. Por isso, sobre os elementos apresentados no art. 3º do CTN, sugerimos analisar de maneira fragmentada os aspectos que definem o tributo, como mostrado a seguir:

1. **Tributo é prestação pecuniária, em moeda ou cujo valor nela se possa exprimir**: refere-se à obrigatoriedade de o tributo ser pago por meio de numerário (dinheiro) ou de qualquer outro instrumento que apresente equivalência financeira.
2. **Compulsoriedade**: o Estado, por exercer o poder soberano de sistematização das atividades estatais, impõe, a partir de uma previsão legal, ao seu cidadão, o cumprimento ao pagamento dos tributos. Tributo é receita que o Estado aufere por meio de seu poder de império.

3. **Não sancionador**: tributo não é uma pena, mas uma obrigação necessária como membro participante ativo nas atividades do Estado.
4. **Cobrança vinculada**: além de o tributo decorrer de uma previsão legal, deve haver a ocorrência de um fato que venha a gerar a obrigação tributária, ou seja, o pagamento do tributo.

> **O QUE É?**
>
> Compreendemos *sanção* como instrumento que especifica o tipo de penalidade que o contribuinte sofre pelo descumprimento das obrigações tributárias.

A obrigação tributária deve ser cumprida por numerário ou, ainda, pelo uso de um sistema que se equipare ao valor cobrado. Entretanto, o valor a ser cobrado deve ser especificado em moeda nacional.

Em razão da compulsoriedade do tributo, ligada à irrelevância da vontade para o nascimento do vínculo obrigacional, eventual "confissão" do contribuinte é inócua para o efeito de tornar devida uma exigência tributária. E, sobre a confissão no processo tributário, Machado (2007, p. 51) afirma:

> A utilidade da confissão reside unicamente em inverter o ônus da prova. Comprovado o fato, pela confissão, fica a Administração Tributária dispensada de produzir qualquer outra prova do fato cujo acontecimento gerou a dívida tributária.

É preciso interpretar e aplicar as disposições jurídicas coerentemente. Se a vontade do contribuinte é irrelevante para fazer nascer a obrigação tributária, isso há de ser considerado não apenas para dizer que o tributo será devido sempre que seu fato gerador tiver acontecido, sobre ele incidindo a norma legal correspondente, ainda que ausente o componente volitivo. Do mesmo modo, por óbvio, é preciso reconhecer que o tributo não será devido caso o fato gerador não tenha ocorrido, ou não seja válida a norma legal correspondente que sobre ele incide, ainda que presente o elemento volitivo, ou a vontade. Se é irrelevante para evitar o nascimento, também o é para ensejar esse nascimento.

Sobre a maneira como o direito tributário moderno funciona, Fonseca (2008, p. 43) destaca:

> não há o tributo pago em serviços ou em bens diversos do dinheiro. O Direito Tributário brasileiro desconhece os tributos *in natura* e *in labore*. Como exemplo de tributo *in natura*, cento e cinquenta quilos de soja ao sujeito ativo, ora União. Já um imposto sobre a atividade profissional, cuja lei instituidora determinasse determinaria que todo profissional liberal fosse obrigado a contribuir com três dias de serviço por mês à entidade tributante, seria um exemplo de tributo *in labore*.

Ainda sobre a extinção da obrigação tributária, observamos que, em situações extraordinárias, a entrega de um bem pode sanar a pendência. Nesse sentido, o art. 156 do CTN merece destaque, pois prevê a dação em pagamento como uma maneira de se extinguir o crédito tributário.

PERGUNTAS E RESPOSTAS

Qual a primeira estrutura legal, no Brasil, que versa sobre direito tributário?

> A primeira estrutura normativa que aborda as questões tributárias, no Brasil, é a Constituição da República Federativa do Brasil, que dispõe a respeito das questões gerais dos tributos e sobre a maneira os tributos funcionam.

Sabendo que a tributação tem como objetivo a arrecadação de fundos pecuniários para que, quando revertidos, auxiliem no processo de aperfeiçoamento do Estado, verificamos que o lugar em que estão são de substancial importância para sua vida financeira. Nesse sentido, não podemos deixar de mencionar que o Estado pode utilizar os tributos como instrumento de fiscalidade, parafiscalidade ou extrafiscalidade, ou seja, como ferramenta que intervém na economia ou, ainda, como elemento auxiliar no funcionamento das políticas sociais do Estado.

Como fiscalidade, o Estado tem como objetivo principal arrecadar recursos financeiros para aperfeiçoamento das atividades do Estado. No caso da extrafiscalidade, o objetivo do Estado é interferir na esfera econômica do setor privado. E, por fim, a parafiscalidade serve como instrumento de arrecadação de recursos para o desenvolvimento de atividades que não fazem parte do sistema integral do Estado.

Nessa perspectiva, corroboramos com o posicionamento de Machado (2005), ao afirmar que a utilização do tributo no Estado moderno auxilia o desenvolvimento pleno do Estado.

No mundo moderno o tributo é largamente utilizado com o objetivo de interferir na economia privada, estimulando atividades, setores econômicos ou regiões, desestimulando o consumo de certos bens e produzindo, finalmente, os efeitos mais diversos na economia. (Machado, 2005, p. 179)

Por isso, fica fácil compreender que o processo de arrecadação tributária só pode acontecer a partir da atuação direta da Administração Pública, tendo como fundamento essencial o princípio da legalidade, ou seja, a previsão legal. Essa questão se relaciona com a necessidade de o Estado só poder cobrar determinado valor fiscal em decorrência de um ato real específico, e, dessa maneira, o poder de tributar do Estado afasta-se plenamente de atos discricionários.

1.3 Espécies tributárias

No que se refere às espécies tributárias, sugerimos a leitura do art. 5º do CTN – Lei n. 5.172, de 25 de outubro de 1966 (Brasil, 1966). Essa lei foi incorporada pela ordem jurídica brasileira com *status* de lei complementar, visto que estabelece como espécies tributárias as taxas, as contribuições de melhorias e, por fim, os tributos.

Muito embora a norma brasileira especifique, a partir disso, a doutrina e a jurisprudência se posicionam de uma maneira um pouco mais abrangente, pois chegam a indicar até cinco espécies tributárias. Assim, as diretrizes doutrinárias se posicionam entre teoria bipartida quando defendem que os tributos estão divididos em impostos e taxas. Nesse caso, tanto as contribuições de melhoria quanto as contribuições sociais e os empréstimos compulsórios estão enquadrados como imposto ou taxa.

> **O QUE É?**
>
> *Bens móveis* são objetos que podem ser deslocados de um lado a outro sem serem modificados ou reestruturados.
>
> Já a *alíquota* é a base de cálculo utilizada para que o valor devido no preço final do tributo seja cobrado.

Por *jurisprudência* compreende-se as decisões emanadas, de maneira recorrente, pelos tribunais brasileiros sobre determinado tema. O tributarista Alfredo Augusto Becker (1998, p. 381) defendia essa tese:

> No plano jurídico, todo e qualquer tributo pertencerá a uma dessas duas categorias: imposto ou taxa. A serena análise científico-jurídica, em cada caso singular, revelará que inexiste terceira categoria ou categoria mista. Os chamados "tributos parafiscais", "contribuições de melhoria", "empréstimos compulsórios" e "monopólios fiscais", ao serem dissecados pelo método científico-jurídico (não pelos tradicionais "métodos" híbridos que confundem os critérios e conceitos da Ciência das Finanças Públicas com os do Direito Tributário), desnudam-se da "camuflagem" político-fiscal ou histórico-filosófica ou simplesmente retórico-acadêmica e mostram-se verdadeiros impostos ou taxas.

Ainda no que se refere às espécies tributárias, é necessária a análise de algumas variáveis, quais sejam, o **fato gerador** e o **destino dos valores arrecadados**. No caso do primeiro, o que se observa é a situação em que ocorre a incidência do tributo e, consequentemente, a obrigação do pagamento. Nesse sentido, o fato gerador ocorrerá de duas formas, quais sejam:

1. **Vinculado**: a obrigação que gera o pagamento do tributo ocorre a partir da participação direta do Estado. Como exemplo, citamos a taxa.
2. **Não vinculado**: a obrigação que gera o pagamento do tributo não corre a partir da participação direta do Estado. Como exemplo, citamos os empréstimos compulsórios.

Ressaltamos, ainda, que a destinação pode também ser considerada como vinculada, visto que o recurso que for coletado destina-se para uma finalidade preestabelecida por norma ou, ainda, não vinculada, quando não é possível identificar a especificação prévia para o recurso arrecadado. E, nesse caso, o recurso só poderá ser utilizado em cada ano a partir das definições políticas por meio da Lei Orçamentária Anual (LOA).

EXEMPLIFICANDO

Para compreender melhor o processo de funcionamento das alíquotas na perspectiva *ad valorem*, vejamos o exemplo apresentado a seguir por Fernandes (2020, p. 23):

> Se a norma tributária incide sobre a aquisição de renda, tendo o montante da renda como base de cálculo, a alíquota será o percentual dessa renda a ser colhido, a título de tributo. As alíquotas são geralmente estabelecidas em termos percentuais, dizendo-se, nesse caso, que são ad valorem. Pode ocorrer, porém, de se instituírem alíquotas

específicas, assim entendidas aquelas que tomam como parâmetro outro elemento da hipótese de incidência que não seu aspecto econômico.

Com base no exposto, podemos traçar a definição exata de cada uma das espécies tributárias, conforme especificado no Quadro 1.1, a seguir.

Quadro 1.1: *Espécies tributárias*

	Fato gerador	Produto da arrecadação
Imposto	Não vinculado	Não vinculado
Taxa	Vinculado	Vinculado
Contribuição de melhoria	Vinculado	Vinculado
Contribuições especiais	Não vinculado	Vinculado
Empréstimo compulsório	Vinculado ou não vinculado	Vinculado

No que se refere à definição das contribuições, é necessário identificar o destino da arrecadação, ou seja, que o fim do processo de cobrança do tributo se destinará a entidades estatais ou paraestatais. Em caso de a cobrança se destinar às áreas sociais, o elemento tributário é a contribuição.

Tendo compreendido os elementos relacionados com a natureza jurídica que envolve os tributos, analisaremos, individualmente, cada espécie de tributo.

1.3.1 *Imposto*

O art. 16 do CTN específica, de maneira expressa, a definição restrita do imposto segundo um caráter jurídico.

Art. 16. Imposto é o tributo cuja obrigação tem por fato gerador uma situação independente de qualquer atividade estatal específica, relativa ao contribuinte. (Brasil, 1966)

Analisando o exposto no elemento jurídico mostrado, constatamos que ele terá eficácia sem a intervenção do Estado. Por isso, o fato do gerador de um imposto é uma situação autônoma e independente, conforme estabelece Amaro (2009, p. 30):

> O fato gerador do imposto é uma situação (por exemplo, aquisição de renda, prestação de serviços etc.) que não supõe nem se conecta com nenhuma atividade do Estado especificamente dirigida ao contribuinte. Ou seja, para exigir o imposto de certo indivíduo, não é preciso que o Estado lhe preste algo determinado.

Portanto, o Estado pode exigir o imposto de seus cidadãos mesmo que não exista benefício expresso para o sujeito passivo da relação tributária. Nesse sentido, basta apenas a existência de alguns elementos essenciais para sua existência, quais sejam, fato gerador e hipótese de incidência.

Para que o imposto exista, o cidadão contribuinte deve possuir algum tipo de acúmulo patrimonial (riqueza) e, ainda, apresentar capacidade de ter relações econômicas, tudo isso para que seja possível a cobrança adequada do imposto pelo Estado. Observando esses aspectos, os impostos podem incidir sobre todo o patrimônio do contribuinte, o consumo e, ainda, as relações de consumo.

Segundo Bastos (1995, p. 146), a doutrina aponta três elementos claros para identificar a figura do imposto, quais sejam:

> a) caráter obrigatório do imposto; b) ausência de qualquer relação de correspondência entre a exação tributária e qualquer sorte de compensação do Estado ao contribuinte; c) o imposto exigido não é acompanhado de qualquer promessa de reembolso, o que lhe confere a qualidade de definitivo.

O que não pode ser esquecido, portanto, é que os impostos surgem a partir do financiamento das atividades que são realizadas pelo Estado, de maneira geral. E é justamente por meio dos impostos que o Estado sistematiza sua estrutura e seus objetivos.

Já no que se refere à competência dos impostos, aplica-se os arts. 153 a 156 do CTN, sem poder haver cobrança distinta daquilo que é estabelecido em lei. Outra questão elementar é a limitação do poder de tributar, ou seja, que um ente não se sobreponha a outro no que se refere à erradicação tributária.

Quanto ao uso final daquilo que é arrecadado, não há necessidade de vinculação do imposto com uma despesa específica, ou seja, os valores arrecadados pelo Estado pela incidência do imposto não precisam estar vinculados a um serviço público específico, como é o caso da educação, da saúde e da segurança. Entretanto, a divisão dos valores arrecadados pelo Estado, se for o caso, pode ter destinação e quantificação específicas a partir de uma estruturação normativa.

Segundo a Lei Complementar n. 128, de 19 de dezembro de 2008, os valores arrecadados no âmbito do Imposto de

Renda são especificados em dois grupos específicos, nomeadamente:

> 49% da arrecadação devem ser transferidos para o Fundo de Participação dos Municípios (FPM, 24,5%); para o Fundo de Participação dos Estados (FPE, 21,5%), e Fundos Constitucionais para as Regiões Norte Nordeste e Centro-oeste (FNO, FNE e FCO, 3%); 100% do Imposto de Renda Retido na Fonte (IRRF) por Estados Municípios e Distrito Federal. (Brasil, 2008)

No que diz respeito à destinação dos valores arrecadados no ato da incidência do Imposto sobre Produtos Industrializados (IPI), há a especificação de dois grupos. Portella (2018, p. 98) esclarece:

> 49% da arrecadação devem ser transferidos nos mesmos moldes daqueles indicados acima, referente ao IR; 10% em favor do Fundo de Compensação das Exportações (FCEX), recursos que por sua vez serão destinados aos Estados, de forma proporcional às exportações de produtos industrializados realizadas a partir de cada Estado.

EXERCÍCIO RESOLVIDO

O direito tributário é uma subárea do direito que estabelece, por meio de elementos teóricos e normativos, tanto o processo de definição do que é tributo quanto a maneira como o tributo funciona. Nesse sentido, assinale a alternativa que se refere à definição específica que o ordenamento jurídico apresenta para a compreensão do que é o tributo previsto na Constituição e definido como imposto.

a) O direito tributário e, em especial, o Código Tributário Nacional (CTN) compreendem o imposto como uma espécie de tributo que será cobrado de maneira compulsória e divisível.
b) O direito tributário e, em especial, o Código Tributário Nacional (CTN) compreendem o imposto como aquele tipo de tributo que surge a partir das melhorias que foram realizadas pelo Estado.
c) O direito tributário e, em especial, o Código Tributário Nacional (CTN) compreendem que a competência para arrecadação do imposto é exclusiva da União, dos estados, do Distrito Federal e dos municípios.
d) O direito tributário e, em especial, o Código Tributário Nacional (CTN) compreendem que o imposto tem caráter extrafiscal e parafiscal, mas que não é algo obrigatório, e sim voluntário.

> Gabarito: C.
> *Feedback* do exercício: O art. 16 do CTN destaca que imposto é o tributo cuja obrigação tem por fato gerador uma situação independente de qualquer atividade estatal específica relativa ao contribuinte. Os impostos são, privativamente, dos entes políticos, nomeadamente, União, estados e municípios.

Para as questões relacionadas à arrecadação dos valores que decorrem da incidência do Imposto sobre a Propriedade Territorial Rural (ITR), os valores são divididos em 50% para o município onde o imóvel está localizado. Nos casos em que existe uma relação entre município e União, o percentual é de 100% caso o município seja responsável pela cobrança dos valores tributários.

No caso dos valores arrecadados pelo Imposto sobre a Circulação de Mercadorias e Serviços (ICMS), 25% dos recursos deverão ser destinados aos municípios de cada estado federado. Já no que se refere ao Imposto sobre a Propriedade de Veículos Automotores (IPVA), o total de 50% arrecadado é destinado para o município que tem o registro do veículo. Quanto ao Imposto sobre Operações Financeiras (IOF), os valores serão divididos em 30% e 70%, em que a primeira situação os valores serão destinados ao estado, e a segunda relaciona-se com os valores destinados ao município. Por fim, no que se refere ao Imposto Residual, dos valores arrecadados, o total de 20% se destina aos estados.

1.3.2 Taxas

As taxas são instrumentos relacionados a um tipo de atividade específica desenvolvida pelo Estado, que, ao realizar uma atividade específica, acaba por cobrar determinado valor ao benefício que usufruiu das melhorias decorrentes do serviço. Nesse sentido, Amaro (2009, p. 31) afirma:

> O fato gerador da taxa não é um fato do contribuinte, mas um fato do Estado. O Estado exerce uma atividade administrativa e, por isso, cobra a taxa da pessoa a quem aproveita aquela atividade.

Diferentemente do que ocorre no funcionamento do imposto, as taxas existem em razão de um tipo de serviço realizado em benefício do contribuinte, mas que o contribuinte deve participar financeiramente por meio do pagamento de um valor específico.

O CTN, mais especificamente no art. 77, disciplina que a competência para tratar sobre as taxas é da União, de estados, do Distrito Federal e dos municípios, e, como observado anteriormente, só poderá existir quando o fator gerador estiver devidamente relacionado com a prestação de serviço desenvolvida pelo Estado em prol do contribuinte.

A incidência da taxa só pode acontecer pelo exercício do poder de polícia ou, ainda, de algum serviço público que se encontra disponível para o contribuinte. O CTN, em seu art. 78, estabelece a compreensão do poder de polícia:

> Art. 78. Considera-se poder de polícia a atividade da administração pública que, limitando ou disciplinando direito, interesse ou liberdade, regula a prática de ato ou abstenção de fato, em razão de interesse público concernente à segurança, à higiene, à ordem, aos costumes, à disciplina da produção e do mercado, ao exercício de atividades econômicas dependentes de concessão ou autorização do Poder Público, à tranquilidade pública ou ao respeito à propriedade e aos direitos individuais ou coletivos.
>
> Parágrafo único. Considera-se regular o exercício do poder de polícia quando desempenhado pelo órgão competente nos limites da lei aplicável, com observância do processo legal e, tratando-se de atividade que a lei tenha como discricionária, sem abuso ou desvio de poder. (Brasil, 1966)

Sobre a compreensão das espécies de serviços cujas taxas podem ser aplicadas, vejamos o teor do art. 79 do CTN, que se encontra disposto da seguinte maneira:

Art. 79. Os serviços públicos a que se refere o art. 77 consideram-se:

I – Utilizados pelo contribuinte:

a) Efetivamente, quando por ele usufruídos a qualquer título;

b) potencialmente, quando, sendo de utilização compulsória, sejam postos à sua disposição mediante atividade administrativa em efetivo funcionamento;

II – Específicos, quando possam ser destacados em unidades autônomas de intervenção, de utilidade ou de necessidade públicas;

III – divisíveis, quando suscetíveis de utilização, separadamente, por parte de cada um dos seus usuários. (Brasil, 1966)

Ainda sobre as taxas, convém analisar a definição específica do que é serviço público. Machado (2005 p. 423) o conceitua como "toda e qualquer atividade prestacional realizada pelo Estado, ou por quem fizer suas vezes, para satisfazer, de modo concreto e de forma direta, necessidades coletivas".

Dessa maneira, é possível compreender que a subdivisão do serviço público em divisível e indivisível, sendo o primeiro aquele em que se identifica a pessoa ou o grupo de pessoas, especificamente, que se beneficia da prestação do serviço. Por isso, os serviços divisíveis têm a possibilidade de ser dimensionados, ou seja, elencados, como é o caso da emissão de um tipo de documento ou da realização de uma vistoria ou audiência.

No serviço indivisível, a identificação individual do sujeito que foi beneficiado pelo serviço é impossível. Seria o caso, portanto, de um serviço de limpeza nas vias públicas, em que a coletividade passa a se beneficiar da limpeza ou, ainda, da conservação de equipamentos de uso público. Para o serviço divisível, é possível aplicar a cobrança de taxa, mas, no segundo caso, por ser uma questão ilegal, a taxa não pode ser cobrada.

Figura 1.1: *Espécies de serviços*

Divisível	emissão de documento	individual
Indivisível	limpeza de via pública	coletivo

Fonte: Elaborado com base em Machado, 2005.

Há duas espécies de taxas: **comum** e **de polícia**. No caso da primeira, a instituição decorrerá em função da existência de um tipo de serviço que não se relaciona ao poder de polícia, analisado anteriormente. Dessa maneira, tudo aquilo que não estiver relacionado a uma taxa de polícia administrativa, considera-se, portanto, taxa comum, como é o caso do ato de emissão da Carteira de Trabalho ou da Carteira de Habilitação.

Como o poder de polícia está relacionado à possibilidade de organizar a estrutura estatal, os atos de fiscalização ou vistoria estão susceptíveis ao pagamento de uma taxa de polícia administrativa. Portella (2018, p. 102) destaca:

> A taxa de polícia somente pode ser exigida caso o serviço tenha sido efetivamente utilizado pelo cidadão. Já a taxa comum poderá ser cobrada tanto em função da utilização do serviço pelo cidadão como pela mera disponibilização

deste serviço, ainda que o cidadão, por qualquer motivo, não o tenha utilizado. Assim, uma taxa de fiscalização de estabelecimento somente poderá ser cobrada caso tal fiscalização tenha ocorrido. Por outro lado, a coleta de lixo a cargo da prefeitura autoriza a cobrança de taxa, ainda que o cidadão não tenha produzido lixo a ser recolhido.

É por isso que, para a destinação dos valores arrecadados a partir da cobrança de taxas, existe uma especificação prévia, ou seja, uma vinculação da despesa com o objeto do serviço.

1.3.3 Contribuição de melhoria

O CTN cuida da contribuição de melhoria em seu art. 81, conforme segue:

> Art. 81. A contribuição de melhoria cobrada pela União, pelos Estados, pelo Distrito Federal ou pelos Municípios, no âmbito de suas respectivas atribuições, é instituída para fazer face ao custo de obras públicas de que decorra valorização imobiliária, tendo como limite total a despesa realizada e como limite individual o acréscimo de valor que da obra resultar para cada imóvel beneficiado. (Brasil, 1966)

Como é possível perceber, a competência para realização da cobrança dos valores relacionados com a contribuição de melhoria é da União, dos estados, Distrito Federal e dos municípios e está vinculado, essencialmente, a algum tipo de valorização que decorreu da execução de uma obra pública. Portanto, a contribuição de melhoria depende, para sua existência, tanto da execução de uma atividade em obra pública quanto da valorização dos imóveis de contribuintes que estão ao redor da obra.

A contribuição de melhoria não pode ser algo arbitrário, conforme especifica o art. 82 do CTN, que especifica a necessidade de preenchimento de alguns requisitos essenciais, quais sejam:

> I – publicação prévia dos seguintes elementos:
> a) memorial descritivo do projeto;
> b) orçamento do custo da obra;
> c) determinação da parcela do custo da obra a ser financiada pela contribuição;
> d) delimitação da zona beneficiada;
> e) determinação do fator de absorção do benefício da valorização para toda a zona ou para cada uma das áreas diferenciadas, nela contidas;
> II – fixação de prazo não inferior a 30 (trinta) dias, para impugnação pelos interessados, de qualquer dos elementos referidos no inciso anterior;
> III – regulamentação do processo administrativo de instrução e julgamento da impugnação a que se refere o inciso anterior, sem prejuízo da sua apreciação judicial. (Brasil, 1966)

Nesse sentido, percebemos, portanto, que a contribuição de melhoria exige não apenas a realização do serviço, mas especialmente a valorização de um imóvel decorrente do serviço. Por isso, a hipótese de incidência da contribuição de melhoria é tão somente a valorização do imóvel e, como exemplo, citamos a construção de uma praça, a pavimentação de ruas etc.

Como a hipótese de incidência é a valorização o imóvel, a base de cálculo é a diferença de valores do imóvel (antes de depois da atividade). E é nesse ponto específico que observamos a diferença entre contribuição de melhoria, taxa e imposto. Nesse sentido, Machado (2005, p. 450) elucida:

> A espécie de tributo cujo fato gerador é a valorização de imóvel do contribuinte, decorrente de obra pública, e tem por finalidade a justa distribuição dos encargos públicos, fazendo retornar ao Tesouro Público o valor despendido com a realização de obras públicas, na medida em que destas decorra valorização de imóveis.

1.3.4 Contribuições especiais

A contribuição especial é um tipo de tributo que, a depender de sua situação, pode ser considerada como **vinculado** e **não vinculado**. O fato gerador nesse tipo de tributo tem o mesmo fato gerador do imposto e, por isso, decorre de uma obrigação inerente à condição do cidadão. Ainda, há a necessidade de o surgimento da contribuição especial decorrer, essencialmente, de uma previsão legal, ou seja, caso isso não ocorra, a cobrança será inconstitucional.

O QUE É?

O termo *inconstitucionalidade* refere-se ao desrespeito, quando da criação de uma lei ou norma, das regras previstas pela Constituição Federal.

Quanto aos elementos relacionados às contribuições de melhoria, destacamos a classificação em três grupos específicos, em que o enquadramento dependerá do destino a ser dado aos valores arrecadados pela aplicação das contribuições especiais. Segundo Machado (2005, p. 451), as contribuições especiais são classificadas em:

> a) Contribuições sociais: que se destinam ao financiamento da Seguridade Social, aí incluídas as ações nas áreas da Saúde, da Previdência Social e da Assistência Social. São contribuições sociais a contribuição Previdenciária, a Contribuição Social sobre o Faturamento das empresas (COFINS), a Contribuição Social sobre o Lucro Líquido das empresas (CSLL, CSSL ou CSL), a contribuição para o Programa de Integração Social (PIS) e para o Programa de formação do Patrimônio do Servidor Público (PASEP);
> b) As contribuições profissionais destinadas ao custeio das entidades representativas das categorias profissionais e de trabalhadores (OAB, Conselhos profissionais, Sistema "S", sindicatos).
> c) Contribuições de intervenção no domínio econômico (CIDE), destinadas a entidades ou iniciativas de desenvolvimento de setores da economia, a exemplo da CIDE-combustíveis, destinadas ao financiamento das rodovias.

Ao mencionar o quesito contribuições profissionais, devemos levar em consideração tanto a contribuição confederativa quanto a sindical. A primeira está prevista no art. 8º, inciso IV, da Constituição Federal e indica uma natureza não tributária. A segunda, ao contrário, tem natureza tributária e, portanto, torna-se obrigatória. A previsão legal da contribuição confederativa encontra-se disposta no art. 578 da Consolidação das Leis do Trabalho (CLT).

EXEMPLIFICANDO

Por meio do Decreto-Lei n. 2.288/1986, a União instituiu o empréstimo compulsório a partir do cálculo referente ao preço da gasolina e do álcool. Assim, todos os consumidores desses produtos, ao abastecer seus veículos, passaram a pagar um valor a mais no preço final do produto.

A competência para cobrar as contribuições especiais é especificamente da União e deve estar em consonância com o especificado no princípio da anterioridade geral e nonagesimal, sendo, por isso, consideradas tributos vinculados, pois existe uma finalidade no processo de instituição do tributo. Sobre a maneira como as contribuições de melhoria podem ser instituídas, Machado (2005, p. 234) esclarece:

> As contribuições especiais devem ser instituídas mediante lei ordinária, ressalvado as contribuições sociais residuais, previstas no artigo 195, §4º, que exigem Lei Complementar. A lei que instituir qualquer contribuição especial deve

definir o fato gerador, a base de cálculo e o contribuinte. Estabelece o parágrafo 1º do artigo 149 da Constituição Federal que os Estados, Distrito Federal e Municípios poderão instituir contribuições sociais, cobráveis de seu funcionalismo, para o custeio, em benefício destes, de sistema previdenciário.

O art. 195, parágrafo 6º, da CF/1988 estabelece as questões relacionadas com o funcionamento das contribuições sociais:

> só poderão ser exigidas depois de decorridos noventa dias da data da publicação da lei que as houver instituído ou modificado. Trata-se da observância da anterioridade nonagesimal. (Brasil, 1988)

Portanto, o pagamento das contribuições decorre da inserção do profissional em um grupo específico de classe profissional (empregados, empregadores ou autônomos). Entretanto, o objetivo é tão somente patrocinar determinadas atividades que são desenvolvidas no âmbito do grupo profissional.

1.3.5 *Empréstimo compulsório*

Embora não sejam tributos sob um prisma econômico, pois não transferem em definitivo riqueza do setor privado para o setor público, os empréstimos compulsórios são, para o direito, tributos, pois são tratados como tal para o efeito de reconhecimento de direitos e obrigações para as partes envolvidas.

Nesse sentido, sobre a compreensão do funcionamento dos empréstimos compulsórios, Machado (2005, p. 458) assevera:

> A instituição dos Empréstimos Compulsórios está prevista no artigo 148 da Constituição Federal, tendo por objetivo atender a despesas extraordinárias, decorrentes de calamidade pública, de guerra externa ou de sua iminência, ou ainda, no caso de investimento de caráter urgente e de relevante interesse nacional.

Vejamos a íntegra do art. 148 da CF/1988 a seguir:

> Art. 148. A União, mediante lei complementar, poderá instituir empréstimos compulsórios:
> I – para atender a despesas extraordinárias, decorrentes de calamidade pública, de guerra externa ou sua iminência;
> II – no caso de investimento público de caráter urgente e de relevante interesse nacional, observado o disposto no art. 150, III, "b".
> Parágrafo único. A aplicação dos recursos provenientes de empréstimo compulsório será vinculada à despesa que fundamentou sua instituição. (Brasil, 1988)

Ainda segundo o disposto no art. 148 na CF/1988, é exclusiva da União a competência para instituir o tributo dos empréstimos compulsórios. A respeito do tema, Machado (2005, p. 460) explica:

> Conforme estabelece o art. 148 da Constituição Federal do 1988, o empréstimo compulsório é de competência privativa da União Federal, que deverá editar Lei Complementar

para sua instituição. Somente poderá ser instituído para fazer frente a despesas extraordinárias decorrentes de calamidade pública ou guerra, bem como para investimento público de caráter relevante e urgente, sendo a arrecadação vinculada a estas finalidades.

> **O QUE É?**
>
> *Calamidade pública* é uma situação específica em que a ordem social se encontra, naquele momento, em desacordo com o objetivo específico do Estado, que é o bem-estar da população, e, por isso, identifica-se como catástrofe pública.

Uma das principais características dos empréstimos compulsórios é a questão de que os valores que são arrecadados, a partir de sua incidência, não farão parte do tesouro nacional, mas sim passarão a ser considerados um valor temporário e, por isso, deverão ser restituídos para os contribuintes. Sobre a inobservância do fato gerador e da base de cálculo na CF/1988, Machado (2005, p. 340) destaca:

> A Constituição não especifica o fato gerador e base de cálculo havendo total liberdade para sua definição pela lei complementar. Assim, o fato gerador poderá ou não estar vinculado à determinada atividade estatal, sendo a base de cálculo definida de acordo com o interesse nacional externado pelo Congresso Nacional.

No que se refere ao processo de compreensão do tributo empréstimo compulsório, verificamos a impossibilidade de ser instituído por meio de uma medida provisória, conforme dispõe o art. 62, parágrafo 1º, inciso III, da CF/1988, pois esse tributo só pode ser instituído mediante lei complementar e, consequentemente, depende da presença da maioria absoluta dos membros que compõem o Congresso Nacional, conforme estabelecido no art. 69 da Constituição Federal.

Com vistas a compreender melhor o funcionamento do tributo empréstimo compulsório, citamos Fonseca (2008, p. 255):

> O empréstimo compulsório atinente a investimento de caráter urgente e de relevante interesse nacional deve respeitar o princípio da anterioridade, isto é, só pode ser cobrado no ano seguinte ao da instituição, o que evidentemente coloca em dúvida o seu caráter de urgência. À medida que cessarem as causas que deram origem aos empréstimos compulsórios, a União deve revogar as leis instituidoras destes. A Constituição Federal não fixou prazo para o exaurimento dos empréstimos compulsórios, limitando, somente, a expressão "supressão gradativa".

PARA SABER MAIS

O empréstimo compulsório se destaca por sua obrigatoriedade oriunda de um ato não voluntário, facultativo, ou seja, não decorre de contrato. Por isso, referida espécie se evidencia pelo afastamento da autonomia da vontade das partes envolvidas no processo de surgimento da relação tributária. Dessa maneira, para compreender um pouco mais sobre o funcionamento do empréstimo compulsório, leia o artigo "Conceito de tributos e espécies tributárias" que pode ser acessado pelo *link*: <https://ambitojuridico.com.br/cadernos/direito-tributario/conceito-de-tributo-e-as-especies-tributarias/>. Acesso em: 22 jul. 2021.

1.4 *Natureza jurídica do tributo*

A respeito da compreensão exata da natureza jurídica do tributo, Vasconcellos (2015) ressalta:

> A natureza jurídica do tributo é de grande importância ao delimitar ontologicamente o que o Estado considera como tributação. Desta maneira, é um problema que vai além do direito tributário, encontra-se no âmbito do direito constitucional, este que pede um auxílio da hermenêutica jurídica ao tratar o conceito aberto do confisco.

Já quanto à denominação que o legislador atribui às espécies tributárias, esta dependerá do fato gerador, existindo diferenças específicas entre si, como salienta Portella (2018, p. 32):

> Com relação à denominação que o legislador venha a atribuir a uma espécie tributária, de fato, trata-se de elemento que não tem nenhuma importância para fins de identificar esta mesma espécie tributária. Significa que, se o legislador chama de "imposto" um tributo cujo fato gerador consiste na prestação de um serviço público específico e divisível,

na verdade o mesmo não passará a ser imposto. Trata-se efetivamente de uma taxa, sendo, assim, a denominação irrelevante para identificar a espécie tributária.

Entretanto, no que se refere à natureza jurídica do tributo, o vínculo com a categoria jurídica, devendo, portanto, estar devidamente classificado.

Nesse sentido, Diniz (2010, p. 56) ressalta a importância no processo de definição da natureza jurídica do ato:

> definir a natureza jurídica de um instituto consiste em determinar sua essência para classificá-lo dentro do universo de figuras existentes no Direito. Trata-se, em verdade, de um exercício de topologia, como se um instituto quisesse saber a qual gênero ele pertence, é a espécie procurando o gênero; é a subespécie procurando a espécie.

Dessa maneira, a natureza jurídica de qualquer elemento jurídico fiscal é uma característica que concede a definição de origem de determinado elemento e, por isso, deve ser compreendido com a essência que estrutura o elemento jurídico no âmbito do direito tributário, conforme explana Portella (2018, p. 24):

> No universo jurídico, natureza assinala a essência ou substância de um objeto, de um ato, de um instituto ou até mesmo de um ramo da ciência jurídica. Assim, encontrar a natureza jurídica de um ramo do Direito consiste em determinar sua essência para classificá-lo dentro do universo de figuras existentes no Direito. Tradicionalmente, e como exemplo básico dessa exposição, o Direito tem sido dividido em dois grandes grupos: Público e Privado.

Por conseguinte, fixar a natureza de um dos ramos da ciência jurídica é estabelecer de qual dos grandes grupos clássicos se aproxima.

Após a fixação da compreensão exata do que se trata a natureza jurídica de determinado instituto legal, devemos perceber os efeitos que se aplicam ao processo, bem como suas consequências.

EXERCÍCIO RESOLVIDO

O ordenamento jurídico brasileiro dispõe de um funcionamento específico para as questões relacionadas ao direito tributário e, por isso, envolve questões relacionadas à criação do imposto, o qual é uma espécie de tributo instituído pelo Poder Público com objetivo de arrecadação de fundos. Assinale a alternativa correta sobre o tipo de norma, prevista na Constituição Federal, que estabelece a criação do imposto:

a) A Constituição Federal estabelece que a norma tributária pode ser instituída por meio da edição especial de uma lei ordinária aprovada com quórum qualificado.

b) A Constituição Federal estabelece que apenas com a edição de leis extraordinárias, como é o caso da Lei Maria da Penha, é que a norma tributária pode ser criada.

c) A Constituição Federal disciplina que a espécie tributária do imposto pode ser instituída através da edição de uma lei complementar, seguindo as exigências específicas.

d) Na Constituição Federal, o imposto é criado mediante edição de uma lei excepcional, que será estabelecida através da jurisprudência do Supremo Tribunal Federal.

e) Na Constituição Federal, não existe lei fundamental que estabeleça a criação da espécie tributária imposto, visto que, desde o advento da Emenda Constitucional n. 45, o imposto foi substituído pela taxa.

> Gabarito: C
> *Feedback* do exercício: A lei complementar é o meio cabível para que a União possa instituir tributos que não estão previstos na Constituição Federal. Conforme especificado no art. 154 da cf/1988: "Art. 154. A União poderá instituir: I – mediante lei complementar, impostos não previstos no artigo anterior, desde que sejam não cumulativos e não tenham fato gerador ou base de cálculo próprios dos discriminados nesta Constituição".

Tendo compreendido a natureza jurídica das espécies tributárias e, consequentemente, seu objetivo central, há a necessidade de se cumprir as diretrizes estabelecidas por lei para que se alcance um objetivo comum, nomeadamente, o bem-estar social. Não se concebe, portanto, um Estado que arrecade tributos, mas que não consiga realizar sua transformação em benefício da comunidade.

SÍNTESE

› Com o intuito de garantir o pleno funcionamento do serviço público, o governo precisa de recursos financeiros e, por isso, para que seja possível essa arrecadação, o Poder Público se utiliza da instituição de tributos, que, a depender de sua finalidade e destinação, são imputados ao contribuinte.

- *Tributo*, sob a perspectiva jurídica, é compreendido como uma prestação pecuniária, de caráter compulsório e que deve ser pago em moeda corrente nacional ou por meio de outro instrumento que possibilite o cumprimento da obrigação tributária.
- De acordo com o especificado na Constituição Federal, as espécies tributárias são: empréstimos compulsórios, taxas, impostos, contribuições especiais e contribuições de melhoria.
- O art. 16 do CTN apresenta a definição de imposto como um tributo cuja obrigação tem por fato gerador uma situação independente de qualquer atividade estatal específica relativa ao contribuinte.
- As taxas são tributos considerados vinculados, pois dependem de uma atividade específica a ser realizada pelo Estado.
- A contribuição de melhoria depende, essencialmente, da valorização de um imóvel a partir da execução de obras públicas, como é o caso da pavimentação de uma via pública.
- As contribuições especiais podem ser divididas em: sociais, de intervenção no domínio econômico, e do interesse de categorias profissionais ou econômicas.
- O empréstimo compulsório é tributo extraordinário que decorre de uma desordem social e, por isso, possibilita que a União institua um valor a ser atribuído aos consumidores, de caráter emergencial e, ainda, reembolsável.

2
Obrigações tributárias

É IMPORTANTE COMPREENDER O QUE GERA A OBRIGAÇÃO JUrídica de prestação de determinado valor a título de tributo. Diante desse entrosamento, vamos estudar as hipóteses acerca da obrigação de prestação, seguindo para o entendimento do conceito de fato gerador até, finalmente, desvendar as bases de cálculo e a alíquota.

Antes, porém, é preciso verificar brevemente em que surgiu a prestação de tributos, pincelando uma linha do tempo que conterá os fatos mais relevantes dessa criação. E, não menos importante, apresentaremos os principais dizeres do Código Tributário Nacional (CTN) e da Constituição Federal (CF) de 1988 sobre o tema.

Trata-se de um estudo relevante para compreender inteiramente o fenômeno tributário, uma vez que a cobrança de impostos é inerente à vivência de todos e sobre eles recaem não somente as obrigações de quem deve pagar, mas também do recebedor.

2.1 Considerações iniciais

A tributação evoluiu ao longo do tempo até finalmente tornar-se uma forma de arrecadação de recursos do Estado para financiar as demandas sociais. Ainda, ganhou seu *status* no ordenamento jurídico ao qual deve submeter-se.

Na hipótese de Portella (2018), a ideia de tributação vem de longa data e pode ser observada em conflitos e alterações de regime em decorrência de reivindicações fiscais, como:

na Inconfidência Mineira, na "Gloriosa Revolução" britânica de 1688, na Independência das 13 colônias norte-americanas, nas dificuldades do Tesouro que levaram Luís XVI à convocação dos Estados Gerais, e que por sua vez culminaram com a Revolução Francesa, entre muitos outros exemplos. (Portella, 2018, p. 16)

No entanto, esse autor aponta que a compreensão desse fenômeno também pode advir do estudo do ordenamento jurídico, sobre o qual se debruçam diversos estudiosos.

Entretanto, a maior contribuição nesse sentido, segundo Portella (2018), veio mais precisamente na década de 1930, por meio de Olavo Bilac Pinto e da subsequente contribuição de outros autores na década de 1960, como Amílcar de Araújo Falcão e Alfredo Augusto Becker.

Sobre o surgimento da cobrança de impostos, Portella (2018, p. 17) esclarece que "existem citações sobre essa prática nos livros sagrados, e em outros documentos".

Portella (2018) ainda explica que, na Grécia, esse exercício era feito sobre importação, consumo, terras, heranças, pessoas, vendas, entre outros itens, sendo pagos em produtos agrícolas.

Sobre a origem dessa palavra, nota Portella (2018, p. 17) que estaria vinculada a pagamentos que eram feitos para cobrir prejuízos da guerra. "A *nota captivitatis*, o imposto mais antigo conhecido – dizia a respeito de imputação da dele ao vencido; de quem perdia a guerra, arrancavam-se coisas que se julgavam valiosas para a época, como escravos e ouro".

Não era o rei que coletava esses impostos de forma direta, mas sim os senhores feudais. A eles os plebeus deveriam pagar para cobrir necessidades supervenientes que a guerra não conseguia, havendo a necessidade de consentimento dos principais vassalos, o qual era dado em assembleias.

Seja por uma causa, seja por outra, o pagamento de tributos sempre existiu na sociedade. A diferença reside na maior participação do povo no poder decisório destes, mesmo que indiretamente.

A definição jurídica de tributo está descrita no art. 3º do Código Tributário Nacional (CTN), que aduz que *tributo* são todas as prestações feitas em moeda nacional que não sejam uma punição para um ato ilícito, mas exigidas por lei e cobradas pela Administração Pública.

E, nessa seara, Portella (2018, p. 21) elucida:

> atualmente a cobrança de impostos é um instrumento primordial de controle de finanças nacionais, tratando de uma peça fundamental para garantir o balanceamento da economia, funcionando conjuntamente, com uma política monetária de crédito.

Portanto, de posse desse entendimento, podemos compreender o significado do fenômeno tributário, o qual, segundo Portella (2018), é um apanhado de fatores, que inclui normas e técnicas, gerando a obrigação de pagar certo valor a título de tributo. Esse conceito está dentro dos moldes impostos pelo direito.

De acordo com Portella (2018, p. 23), compõem o universo do fenômeno tributário:

> o processo de elaboração das normas, a verificação dos eventos que têm relevância jurídica tributária, bem como

a adequação destes eventos à linguagem do Direito, o estabelecimento da relação jurídica tributária e aplicação de todos os institutos jurídicos que regem a sua existência e extinção.

Uma vez no universo do direito, traz-se à baila essa obrigação de prestação de tributo no conceito de que a obrigação tributária principal decorre de um fato gerador, a qual está disposta no art. 114 do CTN.

PARA SABER MAIS

O artigo "Obrigação tributária e seus aspectos legais", de Carla Aparecida Mantaia, trata da aplicação em geral da lei tributária, bem como dos sujeitos passivo e ativo, dos tipos de obrigação e do fato gerador. Além disso, discorre brevemente sobre a responsabilidade. Para ler o material na íntegra, é só acessar o *link*: <https://ambitojuridico.com.br/cadernos/direito-tributario/obrigacao-tributaria-e-seus-aspectos-legais>. Acesso em: 22 jul. 2021.

Assim, torna-se uma obrigação para os contribuintes na forma da lei (art. 30, III, da CF/1988), sobre a qual o Estado é o arrecadador e o povo o pagador.

Portanto, sobre a vigência da legislação tributária, o art. 101 do CTN ressalta que a norma tributária rege-se de acordo com os dispositivos jurídicos legais, podendo haver casos em que essa territorialidade seja ultrapassada:

> Art. 102. A legislação tributária dos Estados, do Distrito Federal e dos Municípios vigora, no País, fora dos respectivos territórios, nos limites em que lhe reconheçam extraterritorialidade os convênios de que participem, ou do que disponham esta ou outras leis de normas gerais expedidas pela União. (Brasil, 1966)

Mais adiante, na seção acerca das obrigações tributárias e fato gerador, vamos tratar exatamente de quem a lei define como obrigado ao pagamento de tributos e sobre o que eles de fato incidem.

E, para não haver explorações maiores do que as necessárias e que inclusive podem prejudicar o pagador, instituíram-se bases de cálculo desses tributos. Estas serão mais bem retratadas e explicadas em seção própria.

Existem também, para garantir essa proteção ao contribuinte, muitos princípios e normas que, segundo Fonseca (2008, p. 15), "amparam o sistema tributário".

Entretanto, podemos sintetizar as limitações constitucionais ao poder de tributar nos seguintes princípios: da legalidade; da isonomia; da irretroatividade da norma tributária; da anterioridade; da vedação do imposto confiscatório; e da liberdade de tráfego. Cada um será abordado com mais cautela adiante.

A tributação foi evoluindo ao longo da história da humanidade, chegando a ser formalmente uma forma de arrecadação de receita para os Estados utilizarem em suas despesas.

2.2 Obrigações tributárias e fatos geradores

Esclarece Portella (2018) que, em regra, o instrumento usado na criação do tributo, à luz da CF/1988 é a lei ordinária. Mas é a lei complementar que vai definir e conceituar o que é uma obrigação tributária e o entendimento acerca do fato gerador, da prescrição e da decadência.

Incidem as obrigações tributárias, segundo o art. 19 do CTN, sobre a importação de produtos estrangeiros, tendo como fato gerador a entrada deles no território nacional. Essa cobrança é de competência da União.

Recaem ainda, à luz do art. 23 do mesmo dispositivo legal, sobre as exportações de produtos enviados ao exterior que sejam nacionais ou nacionalizados. E o fato gerador desses tributos é a saída do produto ou serviço do território nacional. Tal imposto também compete à União. Esses tributos, como já afirmado, são definidos por lei complementar, embora criados por lei ordinária.

Outra obrigação tributária é aquela que incide sobre a transmissão de bens imóveis e de direitos a eles relativos, sendo de competência dos estados e tendo como fato gerador:

> I – a transmissão, a qualquer título, da propriedade ou do domínio útil de bens imóveis por natureza ou por acessão física, como definidos na lei civil;
>
> II – a transmissão, a qualquer título, de direitos reais sobre imóveis, exceto os direitos reais de garantia; III–a cessão de direitos relativos às transmissões referidas nos incisos I e II. Parágrafo único. Nas transmissões causa mortis,

ocorrem tantos fatos geradores distintos quantos sejam os herdeiros ou legatários. (Brasil, 1966)

Há, nesse caso, ressalva de acordo com o art. 36 do CTN:

> I – quando efetuada para sua incorporação ao patrimônio de pessoa jurídica em pagamento de capital nela subscrito; II – quando decorrente da incorporação ou da fusão de uma pessoa jurídica por outra ou com outra. Parágrafo único. O imposto não incide sobre a transmissão aos mesmos alienantes, dos bens e direitos adquiridos na forma do inciso I deste artigo, em decorrência da sua desincorporação do patrimônio da pessoa jurídica a que foram conferidos. (Brasil, 1966)

Não é aplicado, como aduz o art. 37 do CTN, quando a pessoa jurídica adquirente seja vendedor ou locador de imóveis ou a desistência de direitos concernentes à sua aquisição.

Isso significa, por exemplo, que o Imposto sobre Transmissão de Bens e Imóveis (ITBI) terá incidência normalmente sobre as imobiliárias e sobre as instituições financeiras.

Na sequência, são de competência da União também, à luz do art. 46 do já mencionado código, a cobrança de impostos sobre produtos industrializados. Nesse caso, são fatos geradores:

> I – no caso do inciso I do artigo anterior, o preço normal, como definido no inciso II do artigo 20, acrescido do montante:
> a) do imposto sobre a importação;
> b) das taxas exigidas para entrada do produto no País;

> c) dos encargos cambiais efetivamente pagos pelo importador ou dele exigíveis;
>
> II – no caso do inciso II do artigo anterior:
>
> a) o valor da operação de que decorrer a saída da mercadoria;
>
> b) na falta do valor a que se refere a alínea anterior, o preço corrente da mercadoria, ou sua similar, no mercado atacadista da praça do remetente;
>
> III – no caso do inciso III do artigo anterior, o preço da arrematação. (Brasil, 1966)

Nessas ocasiões, o imposto é seletivo quanto à sua essencialidade (art. 48) e não cumulativo (art. 49). Além disso, também incidem sobre serviços de transportes e comunicações, sendo de competência da União, como bem elucida o art. 68 do CTN.

E o fato gerador, à luz do mesmo artigo, é:

> I – a prestação do serviço de transporte, por qualquer via, de pessoas, bens, mercadorias ou valores, salvo quando o trajeto se contenha inteiramente no território de um mesmo Município;
>
> II – a prestação do serviço de comunicações, assim se entendendo a transmissão e o recebimento, por qualquer processo, de mensagens escritas, faladas ou visuais, salvo quando os pontos de transmissão e de recebimento se situem no território de um mesmo Município e a mensagem em curso não possa ser captada fora desse território. (Brasil, 1966)

Já as taxas cobradas pela União, pelos estados, pelo Distrito Federal ou pelos municípios, conforme dispõe o art. 77 do CTN, trazem o exercício regular do poder de polícia como fato gerador. Além disso, também assim considera a utilização efetiva ou em potencial de serviços públicos que estejam disponíveis para o consumidor ou que fiquem à sua disposição.

Outro ponto é que tanto as alíquotas quanto sua base de cálculo só podem ser estabelecidas por lei, segundo o art. 97, inciso IV, do CTN. No entanto, ressalvam-se os tributos estabelecidos nos arts. 21, 26, 39, 57 e 65, todos do CTN. Nesse sentido, abordaremos as alíquotas adiante.

Como visto, cada imposto tem o respectivo fato gerador, e essa doação exigida por lei tem como objetivo contribuir com a manutenção da estrutura do Poder Público. A ideia é que esse recolhimento retorne aos contribuintes por meio da prestação de serviços e da construção e da manutenção de bens públicos.

PERGUNTAS & RESPOSTAS

Você sabia que impostos, taxas, contribuições e demais tributos só podem ser cobrados a partir da existência de um fato gerador?

O fato gerador é um termo que indica um fato que faz surgir a obrigação tributária. Trata-se de uma situação definida pela lei, que, uma vez praticada, obriga quem a praticou a dar uma parte de seu patrimônio para o Estado.

O fato gerador, segundo Portella (2018), pode ser vinculado ou não, ou seja, no primeiro caso, existe participação do Estado, que atua na situação gerando a obrigação de tributar, e, no segundo, ele não tem participação nessa circunstância. Portella (2018, p. 26) explica que

> a destinação pode ser vinculada se o valor recolhido tem que ser disponibilizado para alguma situação que está pré-estabelecida em lei. Ou não vinculada, se não existir essa prévia utilização disposta sobre o valor coletado.

Dito isso, vejamos, a seguir, como se define cada uma das espécies tributárias:

- o fato gerador do imposto não é vinculado nem o produto da arrecadação;
- o fato gerador da taxa é vinculado, e o produto da arrecadação também;
- o fato gerador da contribuição de melhoria é vinculado, e o produto da arrecadação do mesmo modo;
- o fato gerador das contribuições especiais não é vinculado, mas o produto da arrecadação sim;
- o fato gerador do empréstimo compulsório pode ser vinculado ou não, mas o produto da arrecadação é vinculado.

Essas definições são fruto da análise do fato gerador e da destinação que cada uma delas terá.

2.2.1 Limitações constitucionais ao poder de tributar

O poder de tributação dos entes federais é limitado, conforme estabelecem os art. 150 a 152 da CF/1988.

Dispõe o art. 150, *caput* e inciso I, que é vedado à União, aos estados, ao Distrito Federal e aos municípios que estes exijam ou aumentem tributos sem lei anterior que os tenha previsto.

O inciso II do art. 150 da CF/1988 prevê a vedação a criação de tratamento disforme entre contribuintes que estejam na mesma situação, sendo proibido também que se trate diferente em função do ofício independentemente como se chame juridicamente os rendimentos, títulos ou direitos.

Na sequência, o inciso III do mesmo dispositivo constitucional dispõe sobre a vedação na cobrança de tributos:

> a) em relação a fatos geradores ocorridos antes do início da vigência da lei que os houver instituído ou aumentado;
> b) no mesmo exercício financeiro em que haja sido publicada a lei que os instituiu ou aumentou;
> c) antes de decorridos noventa dias da data em que haja sido publicada a lei que os instituiu ou aumentou, observado o disposto na alínea b. (Brasil, 1966)

E o inciso IV do art. 150 da CF/1988 traz a vedação ao ato de uso do tributo como confisco. Também não podem os entes federativos impor limites ao tráfego de pessoas ou bens pelo uso de passagens públicas, com ressalva do pedágio (inciso V).

Não devem, ainda, os entes citados no *caput*, à luz do inciso VI do dispositivo em análise, criar impostos sobre patrimônios e rendas nem sobre os próprios entes ou partidos políticos e suas fundações. Essa vedação inclui sindicatos, escolas, assistência social, desde que em conformidade com os critérios legais. A vedação atinge, ainda, os templos religiosos.

O mesmo inciso abarca a produção literária, bem como o papel utilizado para produzi-la, os veículos que comportem música brasileira e que sejam aqui produzidos (fonogramas etc.), inclusive os digitais.

A vedação do inciso III, alínea "b", conforme o parágrafo 1º A do art. 150 da CF/1988, não é aplicada aos tributos dispostos nos arts. 148, inciso I, 153, incisos I, II, IV e V; e 154, inciso II. E a vedação do inciso III, alínea "c", não se aplica aos tributos previstos nos arts. 148, inciso I, 153, incisos I, II, III e V; e 154, inciso II, nem à fixação da base de cálculo dos impostos previstos nos arts. 155, inciso III, e 156, inciso I.

No entanto, a vedação do inciso VI do art. 150 é extensiva, conforme o parágrafo 2º, para autarquias e fundações que sejam cujo poder público seja o mantenedor.

Já conforme o parágrafo 3º do mesmo dispositivo, as proibições do inciso VI, alínea "a", não são aplicáveis a empresas privadas nem a entidades em que se necessite contraprestação pelo usuário, não excluída a tributação sobre bem imóvel.

Seguindo, aduz o parágrafo 4º do art. 150 da CF/1988 que o disposto no inciso VI, alíneas "b" e "c", incorporam só o que se refere ao funcionamento essencial das organizações mencionadas.

Segundo o parágrafo 5º do dispositivo em análise, para que os contribuintes saibam sobre as tributações que recaem sobre mercadorias a lei determinará medidas.

Em seguida, o parágrafo 6º prevê isenção, redução, subsídio de base de cálculo, bem como outros privilégios como anistia, remissão, concessão de crédito, presumido que só devem ser anuídos por lei expressa.

Adiante, o parágrafo 7º desse artigo trata da possibilidade de a lei atribuir aos sujeitos passivo e ativo pagamentos de tributos com fato gerador posterior desde que se assegure a estes uma possível restituição em caso de não ocorrer o que gere tal fato.

Por sua vez, o art. 151 da CF/1988 prevê, em seu inciso I, a vedação à União de criar tributação disforme para o território nacional ou que seja diferente em relação a estado, Distrito Federal ou município. Há exceção em caso de incentivar o desenvolvimento regional.

No inciso II desse mesmo artigo, a vedação ocorre na tributação de renda de obrigações da dívida pública de estados, Distrito Federal e municípios e pagamentos dos agentes envolvidos em valores maiores aos que forem determinados para estes.

Ainda, o inciso III do mesmo art. 151 antevê a não instituição de isenções dos tributos de competência dos entes federativos.

Já o art. 152 prevê a vedação aos entes federativos de criar diferenças na tributação entre bens e serviços em razão de sua destinação ou de sua procedência. Os arts. 9º a 11 do CTN preveem:

> Art. 9º É vedado à União, aos Estados, ao Distrito Federal e aos Municípios:
> I – instituir ou majorar tributos sem que a lei o estabeleça, ressalvado, quanto à majoração, o disposto nos artigos 21, 26 e 65;

II – cobrar imposto sobre o patrimônio e a renda com base em lei posterior à data inicial do exercício financeiro a que corresponda;

III – estabelecer limitações ao tráfego, no território nacional, de pessoas ou mercadorias, por meio de tributos interestaduais ou intermunicipais;

IV – cobrar imposto sobre:

a) o patrimônio, a renda ou os serviços uns dos outros;

b) templos de qualquer culto;

c) o patrimônio, a renda ou serviços dos partidos políticos, inclusive suas fundações, das entidades sindicais dos trabalhadores, das instituições de educação e de assistência social, sem fins lucrativos, observados os requisitos fixados na Seção II deste Capítulo;

d) papel destinado exclusivamente à impressão de jornais, periódicos e livros.

§ 1º O disposto no inciso IV não exclui a atribuição, por lei, às entidades nele referidas, da condição de responsáveis pelos tributos que lhes caiba reter na fonte, e não a dispensa da prática de atos, previstos em lei, assecuratórios do cumprimento de obrigações tributárias por terceiros.

§ 2º O disposto na alínea a do inciso IV aplica-se, exclusivamente, aos serviços próprios das pessoas jurídicas de direito público a que se refere este artigo, e inerentes aos seus objetivos.

Art. 10. É vedado à União instituir tributo que não seja uniforme em todo o território nacional, ou que importe distinção ou preferência em favor de determinado Estado ou Município.

Art. 11. É vedado aos Estados, ao Distrito Federal e aos Municípios estabelecer diferença tributária entre bens de qualquer natureza, em razão da sua procedência ou do seu destino. (Brasil, 1966)

No entanto, é possível sintetizar essa limitação, primeiramente, no **princípio da legalidade**, que, segundo Fonseca (2008), estabelece que não haverá tributação nem seu aumento sem que isso seja feito por intermédio de lei. O aumento do tributo, segundo o CTN, considera o aumento da base de cálculo, entretanto, não engloba a atualização monetária.

Referido autor é categórico ao afirmar que "não é admitido decreto, portaria, instrução normativa ou qualquer outro ato normativo para criação e majoração dos tributos" (Fonseca, 2008, p. 82).

Na lei de instituição devem estar previstos o fato tributável, a base de cálculo e a alíquota.

> **O QUE É?**
>
> *Fato tributável* é o fato gerador, a hipótese de incidência; *base de cálculo* é o montante em valor monetário; e *alíquota* é o percentual que será multiplicado pela base de cálculo para calcular a quantia certa de tributo ou taxa.

A lei também deve prever, segundo Fonseca (2008), quem deve pagar determinado imposto e a quem está atribuído o poder de arrecadação deste.

Outro fato relevante é que não se admite que um decreto possa instituir, extinguir, majorar ou ainda reduzir tributos.

São exceções a esse princípio, à luz do parágrafo 1º do art. 153 da Constituição (Brasil, 1988): "é facultado ao Poder

Executivo, atendidas as condições e os limites estabelecidos em lei, alterar as alíquotas dos impostos enumerados nos incisos I, II, IV e V", que correspondem aos seguintes incisos, *in verbis*:

> I – importação de produtos estrangeiros;
>
> II – exportação, para o exterior, de produtos nacionais ou nacionalizados;
>
> [...]
>
> IV – produtos industrializados;
>
> V – operações de crédito, câmbio e seguro, ou relativas a títulos ou valores mobiliários; (Brasil, 1966)

Portanto, é possível notar que são abordadas a importação, a exportação, os produtos industrializados e também as operações de crédito como os tributos que podem sofrer tais alterações de alíquotas.

PARA SABER MAIS

O artigo: "A legalidade tributária e os seus princípios constitucionais", de Ricardo Lobo Torres, publicado na *Revista de Direito Processual Geral*, traz o conceito de legalidade tributária. Aborda a supremacia da Constituição Reserva e Primado da lei, além de posições doutrinárias diversas que enriquecem o estudo e relacionam diversas bases legais. Trata-se de uma obra didática, pois o autor é professor titular de Direito da Universidade Estadual do Rio de Janeiro. Para ter acesso ao material, é só acessar o *link*: <https://pge.rj.gov.br/comum/code/MostrarArquivo.php?C=MTYxNg%2C%2Co>. Acesso em: 22 jul. 2021.

Por sua vez, o **princípio da isonomia**, esclarece Fonseca (2008, p. 83), "está baseado no enunciado constitucional de que todos são iguais perante a lei".

Contudo, como bem ressalta Fonseca (2008, p. 83), a igualdade absoluta é inexistente, devendo-se analisar cada caso, por exemplo:

> Isenção de IPTU para os aposentados, maiores de 70 anos, com imóveis até 80 metros quadrados. Há um universo de pessoas. Isenção de ICMS para os carros que serão utilizados como táxi. O bem pode ser isento a pessoa não.

Na sequência, o **princípio da irretroatividade** diz respeito ao já mencionado art. 150, inciso III, alínea "a" da CF/1988, o qual prevê que não se pode cobrar tributos sobre fatos geradores anteriores à lei.

Isso significa que a lei não se aplica a situações passadas. Somente será aplicada a fatos geradores futuros e pendentes, conforme art. 105 do CTN. Mas atenção: a retroatividade benéfica é possível!

Sobre o **princípio da anterioridade**, que está presente no art. 150, inciso III, alínea "b", da CF/1988, ele prevê que a vedação da cobrança no mesmo exercício financeiro que tenha sido criado ou aumentado o tributo. E isso oferece maior segurança jurídica aos contribuintes, que poderão programar suas fianças.

Alguns tributos, ainda, não podem ser cobrados antes de passados 90 dias, de acordo com Fonseca (2008, p. 84), pois "são contados a partir do dia que tenha sido publicada lei que os criou ou que os tenha aumentado dado o princípio da anterioridade nonagesimal".

No entanto, existem exceções a esse princípio, as quais se verificam no art. 150, parágrafo 1º, da CF/1988:

> § 1º A vedação do inciso III, b, não se aplica aos tributos previstos nos arts. 148, I, 153, I, II, IV e V; e 154, II; e a vedação do inciso III, c, não se aplica aos tributos previstos nos arts. 148, I, 153, I, II, III e V; e 154, II, nem à fixação da base de cálculo dos impostos previstos nos arts. 155, III, e 156, I. (Brasil, 1988)

Esse artigo diz respeito mais especificamente:

> • Empréstimos Compulsórios (art. 148, I). • Imposto importação sobre produtos estrangeiros – II. • Imposto sobre exportação para o exterior de produtos nacionais ou nacionalizados – IE. • Imposto sobre produtos industrializados – IPI. • Imposto sobre operações de crédito, câmbio e seguro, os relativos a títulos imobiliários – IOF. • Imposto Extraordinário (art. 154, II). • Contribuições Sociais (art. 195, § 6º).
> • Alíquota da CIDE. (Fonseca, 2008, p. 85)

E o mesmo dispositivo também apresenta os tributos aos quais não se aplica à anterioridade nonagesimal:

> • Empréstimos Compulsórios (art. 148, I). • Imposto importação sobre produtos estrangeiros – II. • Imposto sobre exportação para o exterior de produtos nacionais ou nacionalizados – IE. • Imposto de Renda – IR. • Imposto sobre operações de crédito, câmbio e seguro, os relativos a títulos imobiliários – IOF. • Imposto Extraordinário (art. 154, II).
> • Fixação de base de cálculo do IPVA e do IPTU. (Fonseca, 2008, p. 85)

Esse autor observa que redução e extinção de tributos, por serem benéficas ao contribuinte, não precisam obedecer a esse princípio.

Segundo o **princípio da vedação do imposto confiscatório**, é proibido aos entes federativos tirar proveito de tributo com efeito de confisco, uma vez que isso nega vigor ao direito de propriedade, o qual é garantido constitucionalmente (Fonseca, 2008).

> **O QUE É?**
>
> *Confiscar* é tirar a posse de alguém de seus próprios bens para beneficiar o Estado, ou seja, tomar para o fisco. E na CF/1988, os atos de desapropriação, quando autorizados, são indenizáveis de maneira justa e prévia.

Fonseca (2008) também explica que se considera confiscatório quando se toma grande parte da propriedade ou se inviabiliza o exercício da atividade lícita.

Já o **princípio da liberdade de tráfego**, segundo Fonseca (2008), dispõe sobre a vedação do tributo que implique o uso de vias públicas por pessoas ou bens dentro do país. No entanto, o art. 150, inciso V, da CF/1988 prevê legitimidade ao pedágio.

2.3 *Base de cálculo das obrigações tributárias e alíquotas*

A base de cálculos das obrigações tributárias refere-se ao valor montante sobre o qual incidirá a alíquota atinente. Isso serve para calcular o valor a ser pago a título de imposto. Lembramos que a alíquota é o percentual ou o valor fixo que será usado para calcular o valor de um tributo, incidindo sobre ela a respectiva base de cálculo.

PARA SABER MAIS

O artigo "Alíquota: veja o que é e como funciona", de Wesley Carrijo, aborda a formação do tributo. Mostra também os tipos de alíquota e sua base cálculo, bem como a progressividade tributária. Para ter acesso ao material, é só acessar o *link*: <https://www.jornalcontabil.com.br/aliquota-veja-o-que-e-e-como-funciona/>. Acesso em: 22 jul. 2021.

A base de cálculo dos tributos está disposta nos arts. 20 e 24 (e respectivos incisos), nos arts. 38, 44, 47 e 64 e seus incisos e no art. 69, todos do CTN.

Iniciando pelo estudo do art. 20, a base de cálculo do imposto é:

> I – quando a alíquota seja específica, a unidade de medida adotada pela lei tributária;
> II – quando a alíquota seja ad valorem, o preço normal que o produto, ou seu similar, alcançaria, ao tempo da importação, em uma venda em condições de livre concorrência, para entrega no porto ou lugar de entrada do produto no País;
> III – quando se trate de produto apreendido ou abandonado, levado a leilão, o preço da arrematação. (Brasil, 1966)

O art. 21 do CTN estabelece que o Poder Executivo pode modificar as alíquotas ou as bases de cálculo para fazer ajustes de acordo com o objetivo da política cambial e do comércio internacional.

No que se refere ao Imposto sobre a Exportação (IE), o art. 24 prevê como base de cálculo:

> I – quando a alíquota seja específica, a unidade de medida adotada pela lei tributária;
> II – quando a alíquota seja ad valorem, o preço normal que o produto, ou seu similar, alcançaria, ao tempo da exportação, em uma venda em condições de livre concorrência.
> Parágrafo único. Para os efeitos do inciso II, considera-se a entrega como efetuada no porto ou lugar da saída do produto, deduzidos os tributos diretamente incidentes sobre a operação de exportação e, nas vendas efetuadas a prazo superior às correntes no mercado internacional o custo do financiamento. (Brasil, 1966)

Nesse sentido, aduz o art. 25 que podem ser usadas como base de cálculo, de acordo com a legislação, a parcela do valor ou do preço dispostos no art. 24, sobressalente de valor básico, necessitando ser fixado conforme a lei.

Já o art. 26 do CTN prevê que o Poder Executivo pode alterar as alíquotas ou as bases de cálculo do imposto para ajustá-los com vistas a atingir os objetivos da política cambial e do comércio exterior, desde que em conformidade com os ditames legais.

No que tange ao Imposto sobre a Propriedade Predial e Territorial Urbana (IPTU), o art. 33 do CTN considera como base de cálculo o valor venal do imóvel. Porém, o parágrafo único ressalva que, para determinar a base de cálculo, não são considerados valores de bens móveis em geral, sejam eles permanentes ou não, sejam de uso dentro de imóveis.

Na sequência, no que se refere ao Imposto sobre a Transmissão de Bens Imóveis (ITBI), elucida o art. 38 do CTN que a base de cálculo desse imposto é o valor venal sobre o qual se calcula o IPTU, seja dos bens, seja dos direitos que são passados com sua transmissão.

A seção IV do CTN apresenta a base de cálculo do IR, na qual o art. 44 prevê que a base de cálculo é o valor total, seja fruto de análise, seja de presunção, da renda ou das remunerações tributáveis.

Quanto ao Imposto sobre Produtos Industrializados (IPI), é possível constatar que a base de cálculo é um pouco mais complexa:

> I – no caso do inciso I do artigo anterior, o preço normal, como definido no inciso II do artigo 20, acrescido do montante:
> a) do imposto sobre a importação;
> b) das taxas exigidas para entrada do produto no País;
> c) dos encargos cambiais efetivamente pagos pelo importador ou dele exigíveis;
> II – no caso do inciso II do artigo anterior:
> a) o valor da operação de que decorrer a saída da mercadoria;
> b) na falta do valor a que se refere a alínea anterior, o preço corrente da mercadoria, ou sua similar, no mercado atacadista da praça do remetente;

> III – no caso do inciso III do artigo anterior, o preço da arrematação. (Brasil, 1966)

Ainda, é seletivo em detrimento de sua essencialidade e não cumulativo (arts. 48 e 49 do CTN).

Continuando, a seção IV abrange o Imposto sobre Operações de Crédito, Câmbio e Seguro e sobre Operações Relativas a Títulos e Valores Mobiliários (IOF), cuja base de cálculo é:

> I – quanto às operações de crédito, o montante da obrigação, compreendendo o principal e os juros;
> II – quanto às operações de câmbio, o respectivo montante em moeda nacional, recebido, entregue ou posto à disposição;
> III – quanto às operações de seguro, o montante do prêmio;
> IV – quanto às operações relativas a títulos e valores mobiliários:
> a) na emissão, o valor nominal mais o ágio, se houver;
> b) na transmissão, o preço ou o valor nominal, ou o valor da cotação em Bolsa, como determinar a lei;
> c) no pagamento ou resgate, o preço. (Brasil, 1966)

Isso faz com que o Poder Executivo, conforme os ditames do art. 65, altere as alíquotas ou suas bases de cálculo para agir de acordo com o que se busca pela política monetária.

Referente ao Imposto sobre Serviços de Transportes e Comunicações (ISTC), dita o art. 69 do CTN que a base de cálculo é o preço do serviço. Quanto ao Imposto sobre Operações Relativas a Combustíveis, Lubrificantes, Energia Elétrica e Minerais do País, essas atividades devem observar o art. 75, relativamente:

I – ao imposto sobre produtos industrializados, quando a incidência seja sobre a produção ou sobre o consumo;
II – ao imposto sobre a importação, quando a incidência seja sobre essa operação;
III – ao imposto sobre operações relativas à circulação de mercadorias, quando a incidência seja sobre a distribuição. (Brasil, 1966)

Tem-se, então, como base de cálculo a espécie de item em que se encaixar cada atividade, necessitando ser averiguado o respectivo dispositivo legal.

Sobre as taxas, como reverbera o parágrafo único do art. 77 do CTN, não devem ter base de cálculo ou fato gerador idênticas aos que tenham relação com imposto nem devem ser calculadas conforme o pecúlio das empresas, ficando estabelecido, no art. 97, inciso IV, que somente a lei pode compor a criação de alíquota tanto do tributo quanto de sua base de cálculo, havendo ressalvas expressas em lei. É preciso, ainda, levar em consideração os parágrafos 1º e 2º do mesmo artigo:

> § 1º Equipara-se à majoração do tributo a modificação da sua base de cálculo, que importe em torná-lo mais oneroso.
> § 2º Não constitui majoração de tributo, para os fins do disposto no inciso II deste artigo, a atualização do valor monetário da respectiva base de cálculo. (Brasil, 1966)

Então, a modificação da base de cálculo do tributo é vista como majoração.

EXERCÍCIO RESOLVIDO

As alíquotas podem ser alteradas por meio de decreto. Assim, como é faculdade do Poder Executivo Federal fazer alterações de alíquotas, assinale a alternativa que corresponde corretamente aos impostos aos quais verdadeiramente recaem essa possibilidade de alteração, a qual só é permitida desde que obedecidos os limites estabelecidos pela lei:

a) O Poder Executivo Federal pode alterar as alíquotas do imposto sobre exportação, do imposto de importação e de operações financeiras.

b) O Poder Executivo Federal pode alterar as alíquotas do imposto sobre produtos industrializados, imposto extraordinário e imposto sobre importação.

c) O Poder Executivo Federal pode alterar as alíquotas do imposto de importação, imposto de exportação e do imposto sobre renda.

d) O Poder Executivo Federal pode alterar as alíquotas do imposto sobre renda, imposto sobre exportação e imposto sobre importação.

Gabarito: A

Feedback do exercício: O Imposto sobre a Exportação (IE) está disposto no art. 23, e essa disposição sobre o Poder Executivo está no art. 26 da mesma seção. O Imposto sobre a Importação está descrito no art. 19, e o poder de alteração das alíquotas pelo Poder Executivo no art. 21. Já as operações financeiras dizem respeito ao Imposto sobre Operações de Crédito, Câmbio e Seguro, e sobre Operações Relativas a Títulos e Valores Mobiliários, e essa premissa do Poder Executivo encontra-se expressa no art. 65 do CTN.

Como foi possível verificar, a base de cálculo é um parâmetro para estimar o valor do tributo a ser pago, sendo diferente para cada atividade. A alíquota é a variável aplicada sobre essa base de cálculo, que também é definida em lei.

O conceito de cada uma das espécies de tributos será visto com detalhes adiante.

2.3.1 Impostos

Pela inteligência do art. 16 do CTN, imposto é um tributo com a obrigatoriedade de ter como um fato gerador uma situação que não dependa de nenhuma atividade estatal em particular a qual se refira ao contribuinte.

Compelindo em consonância com o art. 18 do CTN:

> I – à União, instituir, nos Territórios Federais, os impostos atribuídos aos Estados e, se aqueles não forem divididos em Municípios, cumulativamente, os atribuídos a estes.
>
> II – ao Distrito Federal e aos Estados não divididos em Municípios, instituir, cumulativamente, os impostos atribuídos aos Estados e aos Municípios. (Brasil, 1966)

Há, portanto, divisão entre o que a União e os demais entes federativos podem instituir, dadas as características de cada imposto e sua finalidade de aplicação.

A figura a seguir traz o exemplo do mais conhecido dos impostos brasileiros: o Imposto de Renda (IR), um tributo federal instituído sobre os proventos do contribuinte.

Figura 2.1: **Imposto de Renda – Representação lúdica do "Leão"**

BrazStudio/Shutterstock

O famoso Leão é utilizado nas propagandas do IR, debruçando-se sobre o contribuinte. É o Rei da Selva (representando a Receita) e todo seu poder de liderança, mas sempre com justiça.

PARA SABER MAIS

O e-book *Pagando muitos impostos? Conhecendo Planejamento Tributário!* é um material disponibilizado pelo Sebrae para ensinar a fazer um planejamento tributário conforme os procedimentos legais na intenção de reduzir o pagamento de impostos das organizações empresariais.

Para ter acesso ao material, é só acessar o *link:* <https://www.sebrae.com.br/Sebrae/Portal%20Sebrae/UFs/TO/Anexos/%5BeBook%20SebraeBA%5D%20Pagando%20muitos%20impostos%20Conhecendo%20Planejamento%20Tribut%C3%A1rio.pdf>. Acesso em: 22 jul. 2021.

Com o conceito de imposto bem-estruturado, podemos passar ao entendimento do próximo item.

2.3.2 Taxas

Como já mencionado, as taxas não podem ter base de cálculo própria de imposto. Elas têm, conforme aduz Lukic (2014), como fato gerador uma atividade estatal exclusiva que é vinculada inteiramente ao contribuinte. A seguir, analisaremos os tipos de taxas e a que são atribuídas.

Lukic (2014) esclarece que as taxas, assim como os tributos, podem ser compostas em razão do exercício regular do poder de polícia que emana do Estado.

Assim define o art. 78 do CTN:

> Art. 78. Considera-se poder de polícia atividade da administração pública que, limitando ou disciplinando direito, interesse ou liberdade, regula a prática de ato ou abstenção de fato, em razão de interesse público concernente à segurança, à higiene, à ordem, aos costumes, à disciplina da produção e do mercado, ao exercício de atividades econômicas dependentes de concessão ou autorização do Poder Público, à tranquilidade pública ou ao respeito à propriedade e aos direitos individuais ou coletivos. (Brasil, 1966)

Trata-se de uma atividade fiscalizadora do Estado em relação ao particular. Esse poder é exercido pela:

> fiscalização, verificação, controle do Estado e se concretiza por meio da concessão de alvarás, licenças, autorizações, como, por exemplo, alvará para construção de imóvel,

licença para localização e funcionamento de estabelecimento comercial, porte de arma, expedição de passaporte etc. (Lukic, 2014, p. 22)

Ainda, o exercício do poder de polícia deve ser regular para que essa cobrança possa ser feita, em conformidade com o parágrafo único do art. 78 do CTN:

> somente aquele exercício do poder de polícia realizado a) por órgão competente; b) em estrita observância à lei aplicável e ao processo legal e c) nos casos de atividades administrativos vinculados, que não haja abuso ou desvio de poder; é que poderá ser objeto de cobrança por meio de taxa. (Lukic, 2014, p. 23)

Trata-se de uma taxa que só pode ser cobrada quando há legítima fiscalização, inspeção e gestão por parte do poder público.

Em continuidade, as taxas cobradas pela prestação de serviço público são as previstas no art. 145, inciso II, da CF/1988 e no art. 77 do CTN, o qual dispõe sobre o uso efetivo ou potencial dos serviços que estejam à disposição do contribuinte seja ele usado ou não. Assim:

> Art. 77. As taxas cobradas pela União, pelos Estados, pelo Distrito Federal ou pelos Municípios, no âmbito de suas respectivas atribuições, têm como fato gerador o exercício regular do poder de polícia, ou a utilização, efetiva ou potencial, de serviço público específico e divisível, prestado ao contribuinte ou posto à sua disposição. (Brasil, 1966)

Sobre esses dispositivos, Lukic (2014, p. 23) indica os requisitos para que a taxa possa ser cobrada:

> prestação de serviço público; o serviço público deve ser específico e divisível; o serviço público deve ser efetivamente prestado ou posto à disposição; do contribuinte.

Na ausência destes, não poderá haver cobrança destas taxas:

> Sobre a prestação de serviços públicos considera-se serviço público toda e qualquer atividade prestacional realizada pelo Estado, ou por quem fizer suas vezes, para satisfazer, de modo concreto e de forma direta, necessidades coletivas. (Machado, 2005, p. 434, citado por Lukic, 2014, p. 24)

Sobre o serviço público específico e divisível, qualifica-se uma imposição para a organização de taxa de serviço público, não adiantando o simples fornecimento desse serviço pela Administração Pública.

Sobre a divisão citada, o art. 79, inciso II, do CTN, prevê que os serviços públicos são considerados específicos se puderem ser separados como elementos independentes de intervenção ou para utilização nas necessidades públicas. O inciso III do mesmo artigo aduz que os serviços públicos são considerados divisíveis se puderem ser utilizados separadamente por seus usuários.

Ainda sobre esse tema, o serviço público verdadeiramente prestado ou que esteja disponível ao contribuinte está disposto no art. 145, inciso II, da CF/1988 e também no art. 77 do CTN.

Vejamos:

> Art. 145. A União, os Estados, o Distrito Federal e os Municípios poderão instituir os seguintes tributos:
> [...]
> II – taxas, em razão do exercício do poder de polícia ou pela utilização, efetiva ou potencial, de serviços públicos específicos e divisíveis, prestados ao contribuinte ou postos a sua disposição. (Brasil, 1988)

E também:

> Art. 77. As taxas cobradas pela União, pelos Estados, pelo Distrito Federal ou pelos Municípios, no âmbito de suas respectivas atribuições, têm como fato gerador o exercício regular do poder de polícia, ou a utilização, efetiva ou potencial, de serviço público específico e divisível, prestado ao contribuinte ou posto à sua disposição. (Brasil, 1966)

Ainda sobre serviço público, o art. 79 do CTN prevê:

> Art. 79. Os serviços públicos a que se refere o artigo 77 consideram-se:
> I – utilizados pelo contribuinte:
> a) efetivamente, quando por ele usufruídos a qualquer título;
> b) potencialmente, quando, sendo de utilização compulsória, sejam postos à sua disposição mediante atividade administrativa em efetivo funcionamento. (Brasil, 1966)

Então, o serviço somente é considerado prestado se for utilizado pelo contribuinte. Entretanto, também quando estiver à disposição deste para que potencialmente possa usá-lo. Sobre essa segunda hipótese, Lukic (2014) apresenta o seguinte exemplo:

> [...] **é o caso de uma casa que não é habitada e, portanto, ninguém usufrui do sistema de coleta de lixo e esgoto posto em funcionamento** pela administração pública. Mesmo assim, pelo simples fato do serviço estar à disposição, enseja a cobrança da taxa de coleta de lixo e esgoto. (Lukic, 2014, p. 25, grifo nosso)

No entanto, nos dois casos listados, o Estado precisa prestar o serviço, ou seja, necessita estar ativo.

EXERCÍCIO RESOLVIDO

As taxas são cobradas pelo governo ou por organizações políticas ou governamentais para uso de alguns serviços considerados fundamentais ou, ainda, pelo exercício do poder de polícia, no que se refere especificamente às taxas cobradas pela União, pelos estados, pelo Distrito Federal ou pelos municípios, no âmbito de suas respectivas atribuições. Assinale a alternativa correta de acordo com a Constituição Federal e com o Código Tributário Nacional:

a) Essas taxas têm como fato gerador a distribuição, entendida como a colocação do produto no estabelecimento consumidor ou em local de venda ao público.
b) Têm como fato gerador quanto às operações de crédito a sua efetivação pela entrega total ou parcial do montante ou do valor que constitua o objeto da obrigação ou a sua colocação à disposição do interessado.

c) Têm como fato gerador o exercício regular do poder de polícia ou a utilização, efetiva ou potencial, de serviço público específico e divisível, prestado ao contribuinte ou posto à sua disposição.

d) Têm como fato gerador a aquisição da disponibilidade econômica ou jurídica de renda, assim entendido o produto do capital, do trabalho ou da combinação de ambos.

> Gabarito: C
> *Feedback* do exercício: As taxas estão previstas previstos no art. 5º do CTN e no art. 145, inciso II, da CF/1988. São exigidas para sua cobrança, à luz do art. 77 do CTN, que se observa o exercício regular do poder de polícia, ou que o serviço público esteja efetivamente disponível para uso em potencial do contribuinte.

Lukic (2014) trouxe ainda o entendimento do Supremo Tribunal Federal, que se consolidou no seguinte sentido:

> O STF consolidou o entendimento no sentido de que taxas e preços públicos se diferenciam pela compulsoriedade. A compulsoriedade das taxas não existe nos preços públicos, conforme súmula 545 do STF. A taxa é receita pública derivada *ex lege*, ao passo que o preço público é receita pública originária, contratual. Taxas, de regra, são cobradas por pessoas jurídicas de direito público, enquanto o preço público pode ser cobrado por pessoa jurídica de direito público e pessoa jurídica de direito privado. A taxa remunera serviço público essencial e indelegável e o preço público remunera serviço não essencial, delegável. (Lukic, 2014, p. 25)

Assim se diferencia a taxa de preço público. Compreendendo, portanto, as atividades que o governo e a administração podem ou não exigir essa cobrança, tendo em vista que se trata de taxas de uma espécie de tributo, podemos passar para o estudo das contribuições de melhoria.

2.3.3 Contribuições de melhoria

As contribuições de melhoria são os tributos dispostos no art. 81 do CTN:

> Art. 81. A contribuição de melhoria cobrada pela União, pelos Estados, pelo Distrito Federal ou pelos Municípios, no âmbito de suas respectivas atribuições, é instituída para fazer face ao custo de obras públicas de que decorra valorização imobiliária, tendo como limite total a despesa realizada e como limite individual o acréscimo de valor que da obra resultar para cada imóvel beneficiado. (Brasil, 1966)

Segundo Lukic (2014), as contribuições são um tributo vinculado, assim como as taxas, estando o fato gerador ligado a uma atividade estatal específica atinente ao contribuinte. É necessário que haja a realização de obra pública da qual decorra uma valorização imobiliária.

O primeiro requisito, a realização de obra pública, não diz respeito a qualquer obra, somente àquelas relacionadas pelo art. 2º do Decreto-Lei n. 195, de 24 de fevereiro de 1967, sendo essa lista taxativa. Essa obra ainda precisa valorizar, ou seja, aumentar o valor do imóvel do contribuinte, como bem elucida Lukic (2014). São requisitos para essa cobrança:

I – publicação prévia dos seguintes elementos:

a) memorial descritivo do projeto;

b) orçamento do custo da obra;

c) determinação da parcela do custo da obra a ser financiada pela contribuição;

d) delimitação da zona beneficiada;

e) determinação do fator de absorção do benefício da valorização para toda a zona ou para cada uma das áreas diferenciadas, nela contidas;

II – fixação de prazo não inferior a 30 (trinta) dias, para impugnação pelos interessados, de qualquer dos elementos referidos no inciso anterior;

III – regulamentação do processo administrativo de instrução e julgamento da impugnação a que se refere o inciso anterior, sem prejuízo da sua apreciação judicial. (Brasil, 1966)

Sobre o cálculo dessas contribuições, que está disposto no art. 82, parágrafo 2º, do CTN, Lukic (2014) discorre que ele será realizado com a divisão da parcela do custo do que será financiado pelo número de bens alojados no local em que será realizada a obra em função de cada fator único de valorização.

Dessa forma, podemos, então, diferenciar os conceitos de imposto, taxa e contribuições de melhoria, visualizando o tributo de maneira geral.

PERGUNTAS & RESPOSTAS

Você sabia que as contribuições são diferentes das contribuições de melhoria?

As contribuições, diferentemente do que foi exposto até agora sobre contribuições de melhoria, têm uma destinação específica. É o que acontece, por exemplo, com a contribuição destinada à iluminação pública.

Portanto, a contribuição de melhoria, como o próprio nome revela, tem como escopo melhorar o ambiente no qual é empregada, gerando benefícios para o local e individualmente para cada imóvel de acordo com suas características.

2.3.4 *Empréstimo compulsório*

Conforme elucida Machado Segundo (2018, p. 59), o empréstimo compulsório tem em seu "fato gerador" o principal elemento que o diferencia das contribuições de melhoria. São, ainda, restituíveis.

Assim estabelece o art. 15 do CTN:

> Somente a União, nos seguintes casos excepcionais, pode instituir empréstimos compulsórios:
> I – guerra externa, ou sua iminência;
> II – calamidade pública que exija auxílio federal impossível de atender com os recursos orçamentários disponíveis;
> III – conjuntura que exija a absorção temporária de poder aquisitivo.
> Parágrafo único. A lei fixará obrigatoriamente o prazo do empréstimo e as condições de seu resgate, observando, no que for aplicável, o disposto nesta Lei. (Brasil, 1966)

No entanto, Machado Segundo (2018, p. 60) esclarece que não são exatamente tributos:

> embora não sejam tributos sob um prisma econômico, pois não transferem em definitivo riqueza do setor privado para o setor público, são, para o Direito, tributos, pois são tratados como tal, para o efeito de reconhecimento de direitos e obrigações para as partes envolvidas.

Sua arrecadação é vinculada à despesa correspondente que justificou sua instituição. O empréstimo compulsório, diferentemente dos tributos estudados até aqui, só é instituído em situações particulares em que se necessite com urgência injetar dinheiro em alguns setores para cobrir guerras ou catástrofes, por exemplo.

2.3.5 *Contribuições*

As contribuições, também chamadas de *contribuições especiais*, diferenciam-se das outras pelo seu fato gerador, porém o critério de definição é outro. Elas se definem pela finalidade a que se visa atender.

Machado Segundo (2018) elucida que esses recursos recebidos são obrigatoriamente aplicados no que concerne ao que justificou sua cobrança.

Esse autor também traz a divisão das contribuições segundo a CF/1988:

> sociais: 1) de seguridade social; a.2) outras contribuições sociais; b) de intervenção no domínio econômico;

c) de interesse de categorias profissionais ou econômicas;
d) de custeio da iluminação pública. (Machado Segundo, 2018, p. 60)

Elas não exigem uma atividade estatal específica relativa ao contribuinte. O que se exige é uma atividade indiretamente ligada a esse contribuinte. Existem algumas contribuições que precisam ser pagas, como bem lembra Machado Segundo (2018), por toda a sociedade, pois se revertem em benefício para todos os indivíduos.

EXERCÍCIO RESOLVIDO

Os empréstimos compulsórios estão dispostos tanto no art. 15 do CTN quanto no art. 148 da CF/1988. No que se refere especificamente ao CTN, o art. 15 e respectivos incisos mostram a descrição, o momento e a destinação dos empréstimos compulsórios. Assinale a alternativa que represente o significado mais correto acerca do que prevê o referido dispositivo do CTN.

a) Os empréstimos compulsórios são aqueles criados para valorizar o particular, em função da realização de uma obra particular que apenas o beneficie.
b) São instituídos pela União em casos excepcionais, como guerra externa, calamidades públicas e conjuntura que exija absorção temporária de poder aquisitivo.
c) Os empréstimos compulsórios são criados pela utilização, efetiva ou potencial, de serviço público específico e divisível, prestado ao contribuinte ou posto à sua disposição.

d) Serve para a transmissão e o recebimento, por qualquer processo, de mensagens escritas, faladas ou visuais, salvo quando os pontos de transmissão e de recebimento se situem no território de um mesmo município e a mensagem em curso não possa ser captada fora desse território.

> Gabarito: B
> *Feedback* do exercício: Esse empréstimo é instituído em casos especiais para atender às necessidades imediatas, podendo ser instituído somente pela União.

Como podemos notar, as contribuições são cobradas para custeio de atividades específicas e devem, sem desvios, ser utilizadas para os fins que foram exigidas.

2.3.6 *Tributação oculta*

Machado Segundo (2018) abre diálogo para uma prática do Poder Público: a criação de tributos indevidos. Essa criação acontece, conforme o autor, por meios que visam mascarar essa invalidade:

> é o que ocorre, por exemplo, quando se institui uma exação devida em face da prestação de um serviço público específico e divisível, relativamente a um contribuinte, de forma compulsória, mas se exige uma tarifa, que teria natureza contratual, para com isso escapar-se da obrigação de se respeitar o princípio da estrita legalidade, que exigiria a indicação de todos os elementos da norma tributária no texto legal. (Machado Segundo, 2018, p. 60)

E tal ilegalidade também se constata quando um ente público não tem competência para instituir certo tributo:

> É o que se verifica quando um Município, que não tem competência para instituir impostos sobre operações de vendas de mercadorias, cria uma "taxa sobre vendas", que evidentemente é um imposto travestido de taxa, visto que o fato gerador da obrigação de pagá-lo é uma situação relativa ao contribuinte, reveladora de capacidade contributiva deste (a venda da mercadoria), e não a prestação de um serviço público ou o efetivo exercício do poder de polícia. (Machado Segundo, 2018, p. 60-61)

O autor ainda aponta uma teoria de criação de Hugo de Brito Machado acerca de tributos ocultos:

> São aqueles que decorrem da soberania estatal, alcançam a capacidade econômica dos contribuintes, mas não são criados como tributos, e sim sob outros rótulos, que lhes dão uma aparência de validade. São muito comuns no âmbito dos serviços públicos, como é o caso da cobrança do valor da outorga, quantia cobrada do concessionário de serviço público, a fim de que se lhe conceda o direito de prestar o serviço correspondente. (Machado Segundo, 2018, p. 61)

Essa teoria, em tese, estaria ligada à prestação de serviços públicos e ao contrato de concessão desses serviços. Segue um exemplo dessa prática:

> Quando o Estado se aproveita da essencialidade do serviço público para, delegando sua prestação a um particular,

> cobrar deste um "valor da outorga", o qual será repassado aos usuários do serviço por meio da tarifa a ser fixada, ele está se valendo de sua soberania, e de seu poder de legislar, para tornar o serviço público mais caro do que seria se prestado em regime de livre mercado, apenas para auferir receita com isso. (Machado Segundo, 2018, p. 62)

Outra forma de tributação oculta é a simulação do abuso de direito e da fraude à lei, tal qual explica Machado Segundo (2018, p. 62):

> Há simulação quando o sujeito deseja praticar o ato "a", mas não deseja se submeter às consequências jurídicas ligadas a esse ato. Por isso, embora efetivamente pratique o ato "a", declara formalmente estar praticando o ato "b".

O autor finaliza esse conceito da seguinte maneira:

> Nesses casos, porque os atos efetivamente praticados têm natureza "a" (negócio dissimulado, ou ocultado), embora aparentem a natureza "b" (negócio simulado, ou aparente), prevalecem os efeitos do ato "a", efetivamente praticado. (Machado Segundo, 2018, p. 63)

Há, ainda, as figuras do abuso de direito e da fraude a lei. No primeiro, há previsão legal no art. 187 do Código Civil brasileiro, que dispõe que também comete ato ilícito o titular de um direito que, ao exercê-lo, excede manifestamente os limites impostos por fins econômicos ou sociais, pela boa-fé ou pelos bons costumes.

Ocorre, por exemplo quando um ente público contraria ou inverte fins econômicos durante a regulamentação da prestação de um serviço público, que não o é de fato público pois visa beneficiar o particular. Nesse caso, aduz Machado Segundo (2018, p. 63) que "se configura quando um ato é praticado com o propósito de fraudar norma imperativa (cc, art. 166, vi)".

2.3.7 As funções do tributo

De acordo com Machado Segundo (2018), os tributos podem ser **fiscais**, **parafiscais** e **extrafiscais**.

A função fiscal do tributo, ressalta Machado Segundo (2018), é a obtenção de recursos para o Estado, como acontece com o Imposto sobre Terra Urbana (IPTU), por exemplo.

Já a função parafiscal ocorre quando:

> ele se presta para obter recursos para orçamentos de entidades que atuam como "prolongamentos" da entidade estatal, mas que não se confundem com ela. Podem ser citadas as contribuições pagas aos Conselhos de Regulamentação Profissional (Conselho de Medicina, de Engenharia, de Farmácia etc.), relativamente às quais o sujeito ativo da obrigação tributária é pessoa diversa daquela entidade dotada de competência tributária para, por meio de lei, instituir o tributo. (Machado Segundo, 2018, p. 64)

Por fim, a função extrafiscal, conforme Machado Segundo (2018), verifica-se quando se usa o tributo em uma situação diferente do que se dizia ao arrecadá-lo. Então, a entidade, sem instituir, cobra o tributo para custeio de seu orçamento, mas não atinge outros fins.

2.4 Imunidade tributária

Esclarece Portella (2018) que as imunidades tributárias podem ser divididas em **subjetivas** e **objetivas**.

No primeiro grupo estão as que beneficiam pessoas. E, nesse rol, de acordo com o art. 9º, inciso IV, alíneas "a", "b" e "c", do CTN, encontra-se a imunidade:

> - recíproca (o patrimônio, a renda ou os serviços uns dos outros);
> - dos templos de qualquer culto;
> - dos partidos políticos, sindicatos, escolas, assistência social sem fins lucrativos e conforme os ditames legais.

A imunidade recíproca está prevista no art. 150, inciso VI, alínea "a", da CF/1988 e dispõe sobre a vedação da competência para criação de impostos que recaiam sobre os bens, a renda ou até os ofícios dos entes políticos entre si.

Essa imunidade, segundo Portella (2018), pode ser estendida às autarquias e às fundações que sejam instituídas e mantidas pelo Poder Público no que tange aos bens descritos na última parte dessa alínea.

Quanto à imunidade dos templos de qualquer culto, a CF/1988 não especifica o que compreende como caráter religioso, ficando a cargo da entidade assim se declarar.

Já no caso dos partidos políticos e suas fundações, as entidades sindicais dos trabalhadores e das instituições de educação e de assistência social, sem fins lucrativos, existe a exigência, como explica Portella (2018, p. 48), de "vinculação das rendas, patrimônios e serviços às finalidades essenciais, nos termos das demais imunidades subjetivas, é necessário que sejam atendidos requisitos legais".

Os requisitos mencionados estão dispostos no art. 14 do CTN:

> a) não distribuir qualquer parcela de seu patrimônio ou de suas rendas, a qualquer título, posto que o reconhecimento da imunidade está condicionado à finalidade não lucrativa das entidades;
> b) aplicar integralmente, no país, os seus recursos na manutenção dos seus objetivos institucionais;
> c) manter escrituração de suas receitas e despesas em livros revestidos de formalidades capazes de assegurar sua exatidão. (Brasil, 1966)

Compondo o rol das imunidades objetivas estão operações com livros, revistas, periódicos e o papel destinado à sua impressão, também denominada *imunidade cultural* ou *de imprensa*.

Além das imunidades até aqui destacadas, Portella (2018, p. 49) apresenta a imunidade que recai sobre as "operações com fonogramas e videofonogramas musicais, conforme estabelecido pela EC 75/2013". São imunes também:

> - as operações de exportação de produtos, mercadorias e serviços – ao IPI e ao ICMS;
> - as operações interestaduais com petróleo e energia elétrica – ao ICMS;
> - as "pequenas glebas rurais", quando as explore o proprietário que não possua outro imóvel nos termos da lei – ao ITR;

› as operações com ouro-ativo financeiro – com exceção do IOF;
› as transmissões onerosas de bens imóveis e direitos reais sobre imóveis voltadas à integralização do capital social de pessoa jurídica – à imunidade em matéria de ITIV;
› as transferências de imóveis desapropriados para fins de reforma agrária.

Entretanto, as imunidades ainda se estendem às taxas em determinadas situações:

> a) para realizar petição aos poderes públicos em defesa de direito ou contra ilegalidade ou abuso de poder (CF/88, Art. 5º, XXXIV); b) para obtenção de certidões em repartições públicas, para defesa de direitos e esclarecimento de situações de interesse pessoal (CF/88, Art. 5º, XXXIV); c) para proposição de Ação Popular (CF/88, Art. 5º, LXXIII); d) para solicitar Registro Civil de casamento e certidão de óbito aos reconhecidamente pobres (CF/88, Art. 5º, LXXVI, 'a' e 'b'); e) para impetração de "Habeas Corpus" e "Habeas Data", e prática de atos necessários ao exercício da cidadania, na forma da lei (CF/88, Art. 5º, LXXVII); f) para celebração de casamento civil (CF, Art. 226, §1º); e g) para o transporte coletivo urbano para maiores de 65 anos. (CF, Art. 230, §2º). (Portella, 2018, p. 51)

Existem, porém, casos em que o crédito tributário é extinto. Essas causas extintivas estão elencadas no art. 156 do CTN:

I – o pagamento;

II – a compensação;

III – a transação;

IV – remissão;

V – a prescrição e a decadência;

VI – a conversão de depósito em renda;

VII – o pagamento antecipado e a homologação do lançamento nos termo do disposto no artigo 150 e seus §§ 1º e 4º;

VIII – a consignação em pagamento, nos termos do disposto no § 2º do artigo 164;

IX – a decisão administrativa irreformável, assim entendida a definitiva na órbita administrativa, que não mais possa ser objeto de ação anulatória;

X – a decisão judicial passada em julgado.

XI – a dação em pagamento em bens imóveis, na forma e condições estabelecidas em lei. (Brasil, 1966)

A extinção difere da imunidade, pois, nesses casos, a obrigação deixa de existir, e, no caso da imunidade permanece, só não é cobrada.

O quadro a seguir mostra um resumo a respeito de tributos de acordo com a legislação brasileira vigente. Note que o quadro também contempla exemplos para uma melhor consciência da aplicação dos estudos trazidos ao caso concreto.

Quadro 2.1: *Tributação conforme o CTN*

Ordenamento jurídico Código Tributário Nacional	Definição	Cobrança	Exemplo
Tributo	Prestação pecuniária instituída por lei com caráter compulsório (gênero).	União Distrito Federal Estados Municípios	Impostos, taxas e contribuição de melhoria (espécies)
Imposto	É o tributo, cuja obrigação tem por fato gerador uma situação independente de qualquer atividade estatal específica, relativa ao contribuinte.	União Distrito Federal Estados Municípios	Fato gerador: a) renda – IRPF b) consumo – ICMS c) patrimônio – ITBI
Taxa	Cobrada pela relação de troca entre Estado e o contribuinte; a troca é o suporte econômico-financeiro da taxa.	Por exemplo: Município	Coleta de lixo
Contribuição de melhoria	Valorização de imóveis provocada por obras públicas; não pode exceder o montante da valorização e nem seu custo.	Por exemplo: Município	Construção de viadutos e acessos.

Fonte: Elaborado com base em Portella, 2018.

Com essa síntese dos tributos e suas aplicações e definições de acordo com o CTN, encerra-se a apresentação dos tributos e espécies.

SÍNTESE

› A palavra *tributo* refere-se à norma que estabelece o dever de prestar certa quantia ao Estado.
› Imposto é a modalidade de tributo na qual a obrigação tem um fato gerador e que este seja independente de algum tipo de atividade estatal específica que tenha relação com o contribuinte.
› A base de cálculo de um tributo sempre deve corresponder ao fato gerador, o qual, por sua vez deve estar na legislação.

> Taxas são outra modalidade de tributo que, diferentemente do imposto, tem como fato gerador o poder de polícia, ou, como determina o CTN, a utilização, efetiva ou potencial, de serviço público específico e disponível, o qual deve ser prestado ao contribuinte ou ser colocado à sua disposição.
> Contribuições de melhoria são tributos de competência da União, dos estados, do Distrito Federal e dos municípios, conforme suas obrigações, as quais têm por finalidade custear obras públicas que devem provir valorização imobiliária.
> Tributos devem ser pagos, via de regra, em moeda corrente e dentro do país, mas a lei admite algumas exceções.
> Os tributos têm característica compulsória, ou seja, o Estado não os pede, ele obriga o contribuinte ao pagamento, sujeito a sanções.
> O poder de polícia referente aos tributos não se confunde com o poder de política ostensivo nem judicial.
> A tributação é um instrumento importantíssimo, aliás, o mais importante, para garantir o controle das fianças nacionais.
> A definição de fato gerador é a situação definida em lei como necessária e suficiente à sua ocorrência.

3
Legislação tributária

A LEGISLAÇÃO TRIBUTÁRIA, PARA SER COMPREENDIDA, necessita do estudo dos princípios constitucionais tributários e do significado de cada um deles dentro da norma.

Neste capítulo, vamos analisar detalhadamente esses princípios, incluindo aspectos importantes em diversas provas para concursos e na rotina do advogado tributarista.

Além disso, avançaremos nosso estudo para as legislações estadual, municipal e federal. Enfatizaremos a relevância dessa subdivisão e o que cada uma delas abrange, bem como onde começa e termina o limite de atuação.

Por fim, examinaremos, ainda que de forma breve, o conceito de direito tributário, do qual derivam as legislações estudadas e reflitiremos sobre o papel do direito como regulador do convívio em sociedade.

3.1 Considerações iniciais

Antes de tudo, vamos compreender o conceito de direito para, depois, adentrar o direito tributário. Segundo Silva, a palavra *direito* significa:

> O Direito (*ius*), no dizer do brocardo romano tradicional, a arte do bom e do equitativo (*ars boni et aequi*) Diante do exposto, observamos o Direito como arte e como ciência. A palavra *direito* e palavra com vários significados ainda que ligados e que se entrelaçam. (Silva, 2014, p. 3, grifo do original)

Dessa forma, é o direito a ferramenta que rege o bom convívio social, estabelecendo regras justas que incidem para todos. Vale-se, nesse processo, de outras ciências, como filosofia, história, sociologia, política etc.

A finalidade básica do direito é que a sociedade possa coexistir pacificamente, sendo dividido em direito natural e direito positivo.

O direito natural, segundo Silva (2014), engloba os princípios fundamentais de proteção do homem e que devem estar na lei para que o ordenamento jurídico seja equitativo. Não é um direito o que se cria pela escrita (apesar de ser formalizado na lei), ele já existe, é da natureza social do homem, e se revela pela experiência e pela razão, a exemplo do direito à vida e do direito à liberdade.

Já o direito positivo é criado pelo Estado e se delimita no tempo e no espaço, como ocorre com os códigos. O direito também pode ser público ou privado. O direito público divide-se em interno e externo.

Segundo Silva (2014), o **direito público** é aquele que abrange as coisas e entidades públicas como o Estado. Quanto à sua subdivisão:

> No Direito Público Interno encontra-se a União, os Estados, os municípios, as empresas públicas, as autarquias, as sociedades de economia mista. De outro Norte, no Direito externo estão os governos estrangeiros, as organizações estrangeiras de qualquer natureza que tenham constituído, dirijam ou tenham investido em funções públicas. (Silva, 2014, p. 5)

O **direito privado** lida com tudo o que se refere ao ente particular, aos direitos comuns e fundamentais de cada um. Nessa seara, no ordenamento, encontramos o direito tributário como um ramo do direito público. É ele quem lida com as questões do fisco e das pessoas que devem prestar às tributações.

Sobre isso, Thiebaut (2017) explica que esse ramo do direito pertence tanto às esferas públicas quanto privadas, interpretando de maneira sistemática os princípios e as leis principais que são relacionadas ao Estado, utilizando da constituição política desse ente e do direito.

De acordo com Rodrigues (2015, p. 11), "a atividade financeira do Estado visa o desenvolvimento de atividades de satisfação às necessidades atinentes à sociedade".

Rodrigues (2015) também exemplifica essas atividades citando o ato de fornecer educação pública e a conservação de hospitais, principalmente para quem mais necessita.

Diante das atividades que o Estado deve amparar, é necessário que se obtenham recursos para as despesas.

Por essa razão, depende o Estado da receita para a qual a principal forma de arrecadação são os tributos. Sobre o conceito de legislação tributária, assim prevê o Código Tributário Nacional (CTN):

> Art. 96. A expressão "legislação tributária" compreende as leis, os tratados e as convenções internacionais, os decretos e as normas complementares que versem, no todo ou em parte, sobre tributos e relações jurídicas a eles pertinentes. (Brasil, 1966)

Assim, nessa senda, dispõe a Constituição Federal (CF) de 1988:

Art. 48. Cabe ao Congresso Nacional, com a sanção do Presidente da República, não exigida está para o especificado nos arts. 49, 51 e 52, dispor sobre todas as matérias de competência da União, especialmente sobre: I–sistema tributário, arrecadação e distribuição de rendas. (Brasil, 1988)

Ao Senado Federal, acerca do mesmo instituto, compete, segundo o art. 52, inciso XV, da CF/1988, a avaliação periódica do funcionamento da cobrança de tributos e dos entes federativos competentes. Desempenhando o papel essencial de limitador do poder de tributar estão os princípios constitucionais do direito tributário, os quais veremos com ênfase adiante.

3.2 Princípios constitucionais

Tendo em vista que o Estado cobre os tributos, é sua obrigação, segundo Rodrigues (2015), observar os princípios que foram estabelecidos na CF/1988 para amparar os tributados no que se refere aos limites na tributação.

Sobre esse ponto, Coelho (2012, citado por Thiebaut, 2017) explica que a atividade tributária não é reclusa à identificação de espécies de tributos, mas que, no entanto, existem limitações ao poder de tributar, havendo outras informações pertinentes ao uso das leis tributárias.

Os princípios são os seguintes: legalidade; capacidade contributiva; progressividade; vedação do tributo com efeito confiscatório; liberdade de tráfego de pessoas ou bens;

imunidade recíproca; uniformidade tributária e não diferenciação tributária. Na sequência, explicaremos de modo detalhado cada um deles.

3.2.1 Princípio da legalidade

Esse princípio está disposto no art. 5º da CF/1988, mais precisamente, no inciso II, estabelecendo que: "ninguém é obrigado a fazer ou deixar de fazer alguma coisa senão em virtude de lei [...]" (Brasil, 1988). Isso significa que o Estado deve observar a lei para tudo o que pretenda estabelecer.

Entretanto, segundo Rodrigues (2015), essa lei também vale para o contribuinte, podendo ser analisada em dois aspectos distintos. O primeiro é a afirmação de que o Estado só deve ir até onde a lei permitir, e o segundo, para o particular, que pode ir até onde a lei não o desautoriza.

Rodrigues (2015) esclarece, ainda, que o princípio de que trata o art. 150, inciso I, da CF/1988 veda a criação ou majoração de tributos que não sejam impostos por meio de lei.

PERGUNTAS & RESPOSTAS

Você sabia que, em razão do princípio da legalidade, se fala em tipicidade fechada da tributação?

> Significa dizer que a lei que criará determinado tributo deve atentar-se para todos os aspectos de forma meticulosa, podendo somente incidir o tributo se estiver especificado devidamente em lei.

O autor também esclarece que ele norteia tudo o que se refere ao tributo, como aumento, parcelamento e alteração de prazo para recolhimento de alíquotas (as quais devem estar previstas em lei).

E, ainda, quanto à fonte do direito tributário, afirma:

> quando falamos em fonte de um dado ramo do Direito, o que queremos expressar é a noção de origem, nascedouro, ou seja, "de onde provêm" as formas de expressão, o conhecimento ou a revelação de um dado setor do Direito. No caso do Direito Tributário, a lei é sua fonte principal, em vista da legalidade. (Rodrigues, 2015, p. 16)

Isto posto, temos que esse princípio é imprescindível, pois dele se vislumbra a fonte do direito tributário.

O QUE É?

A *tipicidade fechada da tributação* é a rigorosa vinculação da tributação à definição legal.

Contudo, Rodrigues (2015) alega que o referido princípio admite exceções, como é o caso do art. 153, parágrafo 1º, da CF/1988, o qual, como exemplifica o autor:

> autoriza a alteração de alíquotas do Imposto sobre Importações (II), do Imposto sobre Exportações (IE), do Imposto sobre Produtos Industrializados (IPI) e do Imposto Sobre Operações Financeiras (IOF) mediante um decreto do Presidente da República que, tecnicamente falando, não é lei (conforme estudado na disciplina Direito Administrativo). (Rodrigues, 2015, p. 16)

Mesmo assim, o que se nota é que até as exceções devem estar taxadas na lei, e não estando o contribuinte nesse rol, essa premissa não se negocia.

3.2.2 *Princípio da anterioridade*

Esse princípio está disposto no art. 150, inciso III, alínea "b" da CF e proíbe a cobrança de tributos no mesmo ano civil (exercício financeiro) em que tenha se criado ou aumentado o tributo.

Assim, veda a cobrança de tributos no mesmo exercício financeiro em que houve a publicação da lei que o instituiu ou o aumentou. Dessa forma, essa alteração proposta pela lei só atinge fatos posteriores à sua entrada em vigor. Com isso, esse princípio visa não surpreender os contribuintes com relação aos tributos que deverão ser recolhidos. Ademais, a "anterioridade, contudo, não se aplica a todos os tributos, não abrangendo, por exemplo, empréstimos compulsórios, II, IE, IPI e IOF" (Rodrigues, 2015, p. 17).

Entretanto, para que se evitem os casos em que uma lei publicada no fim de dezembro, na qual a alteração no tributo fosse ocorrer em janeiro (tendo em vista que o exercício financeiro acompanha o ano civil), o art. 150, inciso III, alínea "c", da CF/1988 estabelece o princípio nonagesimal, o qual aduz que certos impostos não podem ser cobrados antes de decorridos 90 dias da data da publicação da lei que o instituiu ou aumentou.

Como se vê, de acordo com Machado (2008, citado por Rodrigues, 2015), para se cobrar um tributo a partir do primeiro dia do mês de janeiro, não é suficiente que a lei tenha sido publicada no último dia de dezembro (dia final do exercício anterior), ou seja, a anterioridade não é o bastante, devendo a lei que criou ou aumentou o tributo ter sido publicada, minimamente, 90 dias anteriores, garantindo, assim, a aplicação do princípio da anterioridade. São exceções ao princípio da anterioridade nonagesimal:

› impostos de importação e exportação;
› impostos sobre produtos industrializados e circulação de mercadorias, prestação de serviço;
› empréstimos compulsórios de calamidade pública ou guerra, bem como extraordinário de guerra;
› Cide-combustíveis (contribuição de intervenção no domínio econômico incidente sobre as operações realizadas com combustíveis).

Desse modo, os impostos que obrigatoriamente respeitam esse princípio são:

› sobre os produtos industrializados e contribuições sociais;
› Cide-combustíveis;
› sobre circulação de mercadorias e serviços.

Além desses, existem também os impostos que respeitam unicamente a anterioridade anual:

› Imposto de Renda (IR);
› alterações na base de cálculo do Imposto sobre Terra Urbana (IPTU) e do Imposto Sobre Propriedade de Veículos Autônomos (IPVA).

PARA SABER MAIS

A *Apostila de direito tributário: primeira parte*, da professora Gisele Leite, aborda os fundamentos do direito brasileiro e os tributos em espécie, bem como as obrigações tributárias, contribuindo para o estudo do tema aqui em análise. Você pode ter acesso ao material pelo *link*: <https://conteudojuridico.com.br/open-pdf/cj051941.pdf/consult/cj051941.pdf>. Acesso em: 22 jul. 2021.

Esses princípios podem ser aplicados imediatamente após sua publicação, sem que se tenha de aguardar os 90 dias, mesmo se criados ao final do exercício anterior.

3.2.3 *Princípio da capacidade contributiva*

Esse princípio está disposto no art. 145, parágrafo 1º, CF/1988 e enuncia:

> § 1º Sempre que possível, os impostos terão caráter pessoal e serão graduados segundo a capacidade econômica do contribuinte, facultado à administração tributária, especialmente para conferir efetividade a esses objetivos, identificar, respeitados os direitos individuais e nos termos da lei, o patrimônio, os rendimentos e as atividades econômicas do contribuinte. (Brasil, 1988)

Isso significa que a capacidade econômica do contribuinte deve ser levada em consideração ao se guardar o valor do tributo.

Sobre isso, Rodrigues (2015) explica que, para que o Estado fixe o valor e crie o tributo, é preciso que se considere a capacidade do contribuinte, criando isenções para quem não tem tais condições. Segundo o autor, é dado um tratamento igualitário aos iguais e diferenciado aos diferentes.

O Estado não pode cobrar do mesmo modo de uma microempresa e de uma grande empresa; do contrário, esta segunda faliria, e o contribuinte se afundaria em dívidas. Por esse motivo é que para ela se oferece a isenção do IR, por exemplo.

3.2.4 *Princípio da progressividade*

Esse princípio também encontra respaldo no art. 145, parágrafo 1º, da CF/1988 e prevê (em extensão ao anterior) que, no que tange às alíquotas, estas podem ser graduadas conforme a capacidade econômica do contribuinte.

3.2.5 *Princípio da vedação do tributo com efeito confiscatório*

O art. 150, inciso IV, da CF/1988 prevê a seguinte vedação: "IV – utilizar tributo com efeito de confisco" (Brasil, 1988).

Isso significa que não é permitido elevar tanto o tributo a ponto de este praticamente confiscar o bem do particular. Esse princípio também é amparado pelo artigo 5º, inciso XXII, da CF, o qual garante o direito de propriedade, como podemos constatar:

A teoria do confisco e especialmente do confisco tributário ou, noutro giro, do confisco através do tributo, deve ser posta em face do direito de propriedade individual, garantida pela Constituição. (Coelho, 1999, p. 246, citado por Rodrigues, 2015, p. 19)

Entende-se como confiscatório o tributo que consumir uma grande parte do bem do particular, como elucida Rodrigues (2015, p. 19), ou que ainda inviabilize o exercício da atividade que seja lícita.

3.2.6 *Princípio da liberdade de tráfego de pessoas ou bens*

Referente a esse princípio, aduz o art. 150, inciso V, da CF/1988 que existe vedação à limitação do direito de ir e vir, impondo tributação ao uso de vias interestaduais ou intermunicipais. Entretanto, há uma ressalva que protege o pedágio.

Figura 3.1: *Única ressalva ao princípio da liberdade de tráfego de pessoas ou bens*

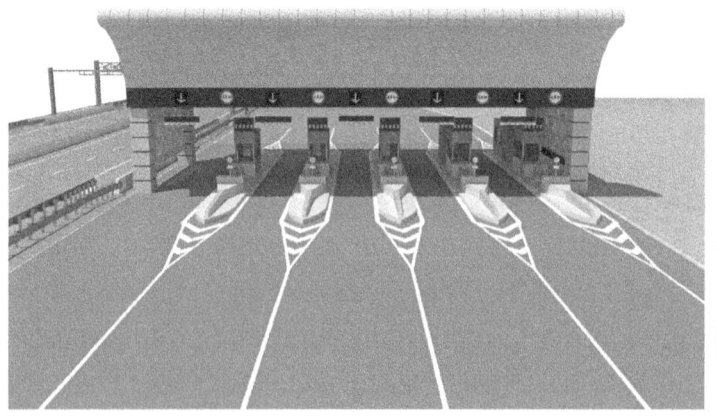

petrov-k/Shutterstock

Essa premissa incide sobre o direito de ir e vir, permitindo a livre circulação de pessoas no território nacional, concedendo exceção ao pedágio.

3.2.7 Princípio da imunidade recíproca

O art. 150, inciso VI, alínea "a", da CF/1988 estabelece que é vedado: "VI–instituir impostos sobre: a) patrimônio, renda ou serviços, uns dos outros" (Brasil, 1988).

Desse modo, explica Rodrigues (2015), fica vedado a todos os entes federativos a imposição de tributação sobre bens e serviços de autarquias e fundações públicas.

Então, a imunidade difere-se da isenção, pois aquela é instituída por lei, mas esta não é constitucional, devendo ser criada por meio de outras leis.

3.2.8 Princípio da uniformidade tributária

De acordo com o art. 151, inciso I, da CF/1988:

> Art. 151. É vedado à União:
> I – instituir tributo que não seja uniforme em todo o território nacional ou que implique distinção ou preferência em relação ao Estado, ao Distrito Federal ou a Município, em detrimento de outro, admitida a concessão de incentivos fiscais destinados a promover o equilíbrio do desenvolvimento socioeconômico entre as diferentes regiões do País. (Brasil, 1988)

Isso significa que a União não pode instituir tributos que não sejam uniformes em todo território nacional, diferenciando estados, municípios e distrito federal.

Entretanto, segundo Chimenti (2008, citado por Rodrigues, 2015, p. 20), "isso não serve como impedimento para concessão de incentivos fiscais tendo como foco a promoção de equilíbrio e incremento de certas regiões". O autor atribui esse fato à busca de uma uniformidade geográfica.

Portanto, não é permitido nem beneficiar nem prejudicar determinada região em detrimento de outras por meio da cobrança de tributos, podendo unicamente haver cobrança disforme no caso de a Administração Pública necessitar impulsionar a economia de tal localidade.

3.2.9 *Princípio da não diferenciação tributária*

Em seguida, o princípio da não diferenciação tributária tem como embasamento o art. 152 da CF/1988, que proíbe todos os entes federativos de criar diferenciações de pagamentos de tributos entre os bens e serviços, provenientes de qualquer local e independentemente do destino, significando que não pode haver diferenciação na cobrança de tributos entre bens e serviços de qualquer natureza em razão de sua origem ou destino.

3.2.10 *Princípio da isonomia tributária*

Segundo esse princípio, todos são iguais perante a lei. Nesse sentido, a CF/1988 assim prevê:

> Art. 150. Sem prejuízo de outras garantias asseguradas ao contribuinte, é vedado à União, aos Estados, ao Distrito Federal e aos Municípios:
>
> [...]
>
> II – instituir tratamento desigual entre contribuintes que se encontrem em situação equivalente, proibida qualquer distinção em razão de ocupação profissional ou função por eles exercida, independentemente da denominação jurídica dos rendimentos, títulos ou direitos. (Brasil, 1988)

Essa premissa, como visto, deve ser amplamente aplicada por todos os entes federativos.

3.2.11 Princípio da irretroatividade tributária

Como já mencionado anteriormente, não se pode cobrar tributos sobre fatos que ainda não foram instituídos em lei.

> Art. 150. Sem prejuízo de outras garantias asseguradas ao contribuinte, é vedado à União, aos Estados, ao Distrito Federal e aos Municípios:
>
> [...]
>
> III – cobrar tributos:
>
> a) em relação a fatos geradores ocorridos antes do início da vigência da lei que os houver instituído ou aumentado. (Brasil, 1988)

E também:

> Art. 105. A legislação tributária aplica-se imediatamente aos fatos geradores futuros e aos pendentes, assim

entendidos aqueles cuja ocorrência tenha tido início, mas não esteja completa nos termos do artigo 116. (Brasil, 1988)

No entanto, existem exceções que estão previstas no art. 106 da CF/1988.

EXERCÍCIO RESOLVIDO

Existem instrumentos que impõem limites ao fisco em relação ao poder de impor e cobrar tributos, demarcando até onde o Estado pode ir no que se refere à arrecadação destes. Sobre os princípios constitucionais, assinale a alternativa que indica a vedação disciplinada em lei e que corresponde a um princípio:

a) De acordo com a CF/1988, é vedado à União, aos estados, ao Distrito Federal e aos municípios exigir ou aumentar tributo sem lei que o estabeleça.
b) De acordo com a CF/1988, é permitido somente à União, por sua soberania, exigir ou aumentar tributo sem lei que o estabeleça.
c) De acordo com a CF/1988, é vedado somente à União, aos estados e aos municípios exigir ou aumentar tributo sem lei que o estabeleça.
d) De acordo com a CF/1988, é permitido somente ao Distrito Federal, por sediar o Legislativo, exigir ou aumentar tributo sem lei que o estabeleça.

Gabarito: A

Feedback do exercício: Estabelece o art. 150, inciso I, da CF/1988 que é vedado à União, aos estados, ao Distrito Federal e aos municípios exigir ou aumentar tributo sem lei que o estabeleça. Refere-se ao princípio da legalidade, pelo qual o Estado deve observar a lei para tudo o que pretenda estabelecer.

Todos esses princípios embasam a regulamentação da atividade tributária do Estado.

3.3 Conceito de legislação tributária

No que diz respeito ao conceito de legislação tributária, é possível afirmar que:

> A expressão "legislação tributária" refere-se ao conjunto de normas que tratam da matéria tributária. Seja qual for o tema específico no âmbito do universo da tributação e seja qual for o instrumento legislativo utilizado, a legislação tributária incluirá sempre toda e qualquer norma que se refira ao pagamento de tributo. Encontram-se aí incluídos desde as normas de incidência até as normas referentes a procedimentos de pagamento, benefícios fiscais, organização da estrutura administrativa fazendária, prazo para entrega de declarações, dentre quaisquer outros. (Portella, 2018, p. 50)

No entanto, Portella (2018, p. 50) também ressalta que "a norma jurídica manifesta-se de duas maneiras diferentes: inicialmente ela desponta por seu conteúdo recaindo sobre a obrigação tributária".

Em segundo lugar, por meio de um aparelho legal, ou seja, formalmente, considerando somente a forma legislativa que a norma assume.

Então, são diversos os instrumentos legislativos pelos quais as normas tributárias podem ser veiculadas:

> a) Constituição Federal
> b) Emenda Constitucional
> c) Lei Complementar (Art. 146 CF)
> d) Medida Provisória (Art. 62, CF)
> e) Lei Delegada
> f) Decreto Legislativo
> g) Resoluções
> h) Tratados e Convenções Internacionais
> i) Decreto
> j) Normas complementares de Direito Tributário. (Portella, 2018, p. 51)

Na **Constituição Federal**, a matéria tributária vem formalizada de maneira detalhada, contendo um capítulo intitulado "Do Sistema Tributário Nacional", que vai do art. 145 ao art. 162, e ainda outros duzentos dispositivos a respeito do sistema tributário.

Nesse sentido, Portella (2008, p. 52) faz a seguinte divisão acerca do capítulo sobre o sistema tributário:

> a) indicação das espécies tributárias, dividindo-as em imposto, taxa, contribuições de melhoria (Art. 145), contribuições especiais (Art. 146) e empréstimo compulsório (Art. 148); b) distribuição de competência tributária entre os distintos Entes federativos, com a indicação de quais são os tributos de competência da União, dos Estados, do DF e dos Municípios, a exemplo do que prevê entre os Artigos 153 a 156; c) estabelecimento das limitações ao

poder de tributar, divididas em princípios e imunidades, especialmente nos Artigos 150 a 152; d) estruturação de um sistema de repartição das receitas tributárias entre os Entes da Federação, o que termina por constituir uma das características mais marcantes de todo o sistema de financiamento público no Brasil, e que se encontra previsto especialmente entre os Artigos 157 a 159.

Trata-se de normas que abrangem diversos assuntos, como prazos, alíquotas, por exemplo, mas há certa ordem, como bem é possível notar.

Já a **emenda constitucional** tem por finalidade alterar o texto constitucional.

Então, afirma Portella (2018), logicamente os temas mais importantes apresentados em uma emenda constitucional são as espécies e a competência tributária, bem como a imposição de limites ao poder de tributação e a transferência de arrecadação, conforme estabelece a CF/1988.

Contudo, é sempre conveniente lembrar que os textos convencionados como "cláusulas pétreas" não podem sofrer alterações por meio de emenda, sendo, desse modo, inalteráveis.

Por sua vez, a **lei complementar** exige maioria absoluta de votos do Congresso Nacional, como bem reforça Portella (2018), e visa esclarecer leis constitucionais para regulamentá-las e pormenorizar o que se busca legalmente.

Cabe à lei complementar especificar o que foi estabelecido pela Constituição Federal. Como se verifica:

> Art. 146: a) dispor sobre conflito de competência; b) regular as limitações constitucionais ao poder de tributar; e

> c) estabelecer normas gerais de Direito Tributário especialmente sobre:
> - definição de tributos e suas espécies;
> - com relação aos impostos: definição de fato gerador, base de cálculo, contribuintes;
> - obrigação tributária, lançamento, crédito tributário, prescrição e decadência tributárias;
> - adequado tratamento tributário ao ato cooperativo praticado pelas sociedades cooperativas;
> - definição de tratamento diferenciado e favorecido para as microempresas e para as empresas de pequeno porte, inclusive regimes especiais ou simplificados.
>
> (Portella, 2018, p. 53)

A lei complementar, em regra, sempre cria tributos, mas, excepcionalmente, também institui o imposto sobre grandes fortunas, empréstimo compulsório e impostos residuais (Portella, 2018).

Assim, a lei ordinária exige, em votação, maioria simples, ou seja, metade dos presentes na sessão legislativa de votação.

E, de acordo com art. 97 do CTN, cabe à lei:

> a) a instituição e extinção de tributos;
>
> b) a majoração e redução de tributos, à exceção do II, IE, IOF e IPI, que podem ter as suas alíquotas alteradas por meio de decreto, atendidos as condições e limites estabelecidos em lei, conforme previsto na CF/88, Art. 153, §1º.
>
> c) fixação da alíquota e da base de cálculo;
>
> d) cominação de penalidades;
>
> e) determinação do crédito tributário;

f) determinação das hipóteses de dispensa ou redução de penalidades;

g) determinação das hipóteses de exclusão, suspensão e extinção de penalidades. (Brasil, 1966)

Na sequência, a **medida provisória** é o instrumento previsto no art. 62 da CF/1988, podendo ser adotado em caso de relevância e urgência:

> Em caso de relevância e urgência, o Presidente da República poderá adotar medidas provisórias, com força de lei, devendo submetê-las de imediato ao Congresso Nacional. (Redação dada pela Emenda Constitucional nº 32, de 2001)
> § 2º Medida provisória que implique instituição ou majoração de impostos, exceto os previstos nos arts. 153, I, II, IV, V, e 154, II, só produzirá efeitos no exercício financeiro seguinte se houver sido convertida em lei até o último dia daquele em que foi editada. (Brasil, 1988)

Por outro lado, **tratados e convenções internacionais** dos quais o Brasil torna-se signatário também podem dispor sobre matéria tributária, como elucida Portella (2018). Para tanto, não podem conflitar com as leis internas, não podendo revogar ou mudar o Código Tributário Nacional.

No que se refere ao **decreto**, é dispensada a tramitação no Poder Legislativo, como esclarece Portella (2018), sendo esse um ato administrativo regulamentar que compete ao Executivo e só surte efeitos com sua publicação.

Esse dispositivo é usado para a regulamentação de lei ordinária, devendo especificar o texto de uma lei que já esteja em vigor.

Além disso, segundo Portella (2018), a formalização e a concessão dos benefícios legais são feitas por meio de decreto. Ele exemplifica citando o fato de algumas isenções e parcelamentos serem feitas por decreto, bem como alterações em alíquotas. O decreto jamais pode ultrapassar as normas previstas na lei que especificar.

Já as **normas complementares** estão elencadas no art. 100 do CTN:

> Art. 100. São normas complementares das leis, dos tratados e das convenções internacionais e dos decretos:
>
> I – os atos normativos expedidos pelas autoridades administrativas;
>
> II – as decisões dos órgãos singulares ou coletivos de jurisdição administrativa, a que a lei atribua eficácia normativa;
>
> III – as práticas reiteradamente observadas pelas autoridades administrativas;
>
> IV – os convênios que entre si celebrem a União, os Estados, o Distrito Federal e os Municípios. (Brasil, 1966)

Por seu turno, a **lei delgada**, como aduz Portella (2018), é um instrumento pelo qual o Executivo é delegado pelo Legislativo como competente. Entretanto, o autor esclarece que não pode haver matéria de exclusividade do Congresso Nacional, Câmara ou Senado nessa delegação cuja aprovação é de competência exclusiva do Congresso Nacional.

Já o **decreto legislativo**, conforme Portella (2018), é um instrumento legal usado para conduzir matéria individual do Congresso Nacional. Continua o autor explicando que também é por meio de decreto legislativo que são aprovados os tratados e que se debatem medidas provisórias que tenham sido reprovadas.

Por fim, a **resolução**:

> É um instrumento a ser utilizado para tratar de matéria de competência exclusiva do Congresso ou das suas Casas (Câmara ou Senado). É por meio de Resolução que são estabelecidos os limites das alíquotas do ITIV e do ITD, assim como são definidas as alíquotas interestaduais do ICMS. É também por meio de Resolução que se formaliza a rejeição de uma MP e a delegação de poder pelo Legislativo ao Executivo para que este institua Lei Delegada. (Portella, 2018, p. 57)

É por meio da resolução que o Congresso Nacional rejeita medida provisória. Uma vez conhecidos os dispositivos que carregam a legislação tributária, podemos passar para um estudo mais aprofundado, como faremos a seguir.

3.3.1 Legislação federal

A Lei n. 4.191, de 24 de dezembro de 1962, dispõe sobre o Código Tributário do Distrito Federal.

Ela "institui os tributos de competência do Distrito Federal, dispõe sobre seu lançamento, sua cobrança e fiscalização, e regula o processo fiscal administrativo" (Brasil, 1962). Conta com exatos 289 artigos, tendo sido sancionada pelo presidente da República e decretada pelo Congresso Nacional.

A respeito de sua aplicação, o fato tributário é o indicado na lei tributária que o institua e, além disso, o art. 3º, incisos I e II, indicam que a lei retroage em benefício do contribuinte para alcançar as penalidades que deixem de ser definidas como infração e quando a cominação de penalidade for menos severa.

Quanto à competência, aduz o art. 153 da CF/1988 que compete à União a imposição de impostos sobre exportação, renda, produtos industrializados, operações financeiras, propriedade rural e grandes fortunas.

Entretanto, os parágrafos desse artigo aduzem:

> Art. 153. [...]
> § 1º É facultado ao Poder Executivo, atendidas as condições e os limites estabelecidos em lei, alterar as alíquotas dos impostos enumerados nos incisos I, II, IV e V.
> § 2º O imposto previsto no inciso III:
> I – será informado pelos critérios da generalidade, da universalidade e da progressividade, na forma da lei;
> § 3º O imposto previsto no inciso IV:
> I – será seletivo, em função da essencialidade do produto;
> II – será não-cumulativo, compensando-se o que for devido em cada operação com o montante cobrado nas anteriores;
> III – não incidirá sobre produtos industrializados destinados ao exterior.
> IV – terá reduzido seu impacto sobre a aquisição de bens de capital pelo contribuinte do imposto, na forma da lei
> § 4º O imposto previsto no inciso VI do *caput*:
> I – será progressivo e terá suas alíquotas fixadas de forma a desestimular a manutenção de propriedades improdutivas
> II – não incidirá sobre pequenas glebas rurais, definidas em lei, quando as explore o proprietário que não possua outro imóvel;

III – será fiscalizado e cobrado pelos Municípios que assim optarem, na forma da lei, desde que não implique redução do imposto ou qualquer outra forma de renúncia fiscal

§ 5º O ouro, quando definido em lei como ativo financeiro ou instrumento cambial, sujeita-se exclusivamente à incidência do imposto de que trata o inciso V do "caput" deste artigo, devido na operação de origem; a alíquota mínima será de um por cento, assegurada a transferência do montante da arrecadação nos seguintes termos:

I – trinta por cento para o Estado, o Distrito Federal ou o Território, conforme a origem;

II – setenta por cento para o Município de origem. (Brasil, 1988)

Nesses os casos (salvo exceções previstas em lei), a União pode criar ou majorar tributos.

3.3.1.1 *Código Tributário Nacional (CTN)*

Já o CTN foi instituído por meio da Lei n. 5.172, de 25 de outubro de 1966 (Brasil, 1966).

Essa lei "Dispõe sobre o Sistema Tributário Nacional e institui normas gerais de direito tributário aplicáveis à União, Estados e Municípios" (Brasil, 1966).

Ela ainda regula:

> com fundamento na Emenda Constitucional n. 18, de 1º de dezembro de 1965, o sistema tributário nacional e estabelece, com fundamento no artigo 5º, inciso XV, alínea b, da Constituição Federal as normas gerais de direito tributário aplicáveis à União, aos Estados, ao Distrito Federal

e aos Municípios, sem prejuízo da respectiva legislação complementar, supletiva ou regulamentar. (Brasil, 1966)

Essa lei dispõe sobre o conceito de tributo e sua natureza jurídica, além dos fatos geradores, alíquotas especificações sobre o contribuinte, bem como sobre o arrecadante.

A Lei n. 5.172/1966 tem 218 artigos e foi sancionada pelo presidente da República e decretada pelo Congresso Nacional.

3.3.2 Legislação tributária estadual

A legislação tributária estadual obedece aos preceitos do CTN e da CF/1988 e pode ser diferente em cada estado, desde que não fira tais institutos.

A legislação tributária estadual abrange anualmente leis complementares, leis, decretos, portarias, instruções normativas e ordens de serviço.

O Código que regula direitos, garantias e obrigações do contribuinte do Estado de São Paulo, por exemplo, é a Lei Complementar n. 939, de 3 de abril de 2003. Segundo o art. 2º dessa lei:

> Art. 2º São objetivos do Código:
> I – promover o bom relacionamento entre o fisco e o contribuinte, baseado na cooperação, no respeito mútuo e na parceria, visando a fornecer ao Estado os recursos necessários ao cumprimento de suas atribuições;
> II – proteger o contribuinte contra o exercício abusivo do poder de fiscalizar, de lançar e de cobrar tributo instituído em lei;

III – assegurar a ampla defesa dos direitos do contribuinte no âmbito do processo administrativo-fiscal em que tiver legítimo interesse;

IV – prevenir e reparar os danos decorrentes de abuso de poder por parte do Estado na fiscalização, no lançamento e na cobrança de tributos de sua competência;

V – assegurar a adequada e eficaz prestação de serviços gratuitos de orientação aos contribuintes;

VI – assegurar uma forma lícita de apuração, declaração e recolhimento de tributos previstos em lei, bem como a manutenção e apresentação de bens, mercadorias, livros, documentos, impressos, papéis, programas de computador ou arquivos eletrônicos a eles relativos;

VII – assegurar o regular exercício da fiscalização. (São Paulo, 2003)

Esses códigos são instituídos por lei complementar e, no caso específico, aplicam-se às garantias e às obrigações do contribuinte no Estado de São Paulo.

Sobre a competência, o art. 155 da CF/1988 e seus respectivos incisos abordam cada uma das possibilidades de atuação da atuação do estado na proposição de impostos.

3.3.3 Legislação municipal

Segundo Henze (2019), os municípios foram alçados pela CF/1988 como parte dos entes federativos pressupondo-se a autonomia destes. Ainda segundo esse autor (Henze, 2019), aos entes federativos foi dada independência pela CF por intermédio da tributação pela via da competência tributária.

Henze (2019) esclarece que a justificativa para essa autonomia é a necessidade de manutenção da administração municipal e também a precisão de se organizar a prestação dos serviços públicos locais. Então, foi outorgada aos municípios a competência para instituir diversos tributos. É de competência dos municípios instituir:

› taxas;
› contribuições de melhoria;
› contribuição para o custeio da iluminação pública;
› imposto sobre serviços;
› imposto predial territorial urbano;
› imposto sobre a transmissão intervivos de bens imóveis;
› contribuição para o custeio da previdência de seus servidores.

Como explica Henze (2019, p. 28), essa lista é exaustiva. Qualquer outro imposto só será válido se instituído via emenda constitucional.

A competência dos municípios sobre os impostos está no art. 156 da CF/1988:

> Art. 156. Compete aos Municípios instituir impostos sobre:
> I – propriedade predial e territorial urbana;
> II – transmissão "inter vivos", a qualquer título, por ato oneroso, de bens imóveis, por natureza ou acessão física, e de direitos reais sobre imóveis, exceto os de garantia, bem como cessão de direitos a sua aquisição;
> III – serviços de qualquer natureza, não compreendidos no art. 155, II, definidos em lei complementar

§ 1º Sem prejuízo da progressividade no tempo a que se refere o art. 182, § 4º, inciso II, o imposto previsto no inciso I poderá:

I – ser progressivo em razão do valor do imóvel;

II – ter alíquotas diferentes de acordo com a localização e o uso do imóvel

§ 2º O imposto previsto no inciso II:

I – não incide sobre a transmissão de bens ou direitos incorporados ao patrimônio de pessoa jurídica em realização de capital, nem sobre a transmissão de bens ou direitos decorrente de fusão, incorporação, cisão ou extinção de pessoa jurídica, salvo se, nesses casos, a atividade preponderante do adquirente for a compra e venda desses bens ou direitos, locação de bens imóveis ou arrendamento mercantil;

II – compete ao Município da situação do bem.

§ 3º Em relação ao imposto previsto no inciso III do caput deste artigo, cabe à lei complementar:

I – fixar as suas alíquotas máximas e mínimas

II – excluir da sua incidência exportações de serviços para o exterior

III – regular a forma e as condições como isenções, incentivos e benefícios fiscais serão concedidos e revogados.

(Brasil, 1988)

São esses os casos admitidos (salvo exceções previstas em lei).

EXERCÍCIO RESOLVIDO

Segundo o CTN, a expressão *legislação tributária* refere-se a leis, tratados, convenções internacionais, decretos e normas complementares que versem, no todo ou em parte, sobre tributos e relações jurídicas a eles pertinentes. De acordo com o CTN, a cominação de penalidades para as ações ou omissões contrárias a seus dispositivos ou para outras infrações nela definidas pode ser instituída pela:

a) cominação de penalidades para ações ou omissões contrárias a seus dispositivos ou para outras infrações nela definidas pode ser instituída por jurisprudência.

b) cominação de penalidades para ações ou omissões contrárias a seus dispositivos ou para outras infrações nela definidas pode ser instituída por lei.

c) cominação de penalidades para ações ou omissões contrárias a seus dispositivos ou para outras infrações nela definidas pode ser instituída por contrato.

d) cominação de penalidades para ações ou omissões contrárias a seus dispositivos ou para outras infrações nela definidas pode ser instituída por doutrina.

Gabarito: B

Feedback do exercício: As penalidades estão disponíveis em capítulo especial do CTN, mais especificamente no Título II e também art. 133, parágrafo 2º, do mesmo dispositivo. Podemos citar como exemplo a penalidade pecuniária, que impõe o pagamento de multas.

Portanto, podem os municípios, dentro dos limites legais, instituir tributações que visem atender às necessidades locais de maneira autônoma, sem a dependência dos demais entes.

3.3.4 *Vigência e aplicação da legislação tributária*

Com a ressalva de alguns dispositivos, a vigência da legislação tributária, segundo Portella (2018), é a mesma de aplicabilidade da legislação geral.

A legislação, em tese, limita-se ao ente competente, mas pode ocorrer, de acordo com o autor, a vigência extraterritorial, fundamentando-se em convênio firmado entre os entes federativos, ou na norma geral de direito tributário emitida pela União. O art. 103 do CTN também prevê:

> Art. 103. Salvo disposição em contrário, entram em vigor:
> I – os atos administrativos a que se refere o inciso I do artigo 100, na data da sua publicação;
> II – as decisões a que se refere o inciso II do artigo 100, quanto a seus efeitos normativos, 30 (trinta) dias após a data da sua publicação; III–os convênios a que se refere o inciso IV do artigo 100, na data neles prevista. (Brasil, 1966)

Portanto, segundo Portella (2018), prevalece a irretroatividade, a qual dispõe que fatos anteriores às publicações não serão abrangidos, havendo exceções apenas nos seguintes casos:

Art. 106. A lei aplica-se a ato ou fato pretérito:

I – em qualquer caso, quando seja expressamente interpretativa, excluída a aplicação de penalidade à infração dos dispositivos interpretados;

II – tratando-se de ato não definitivamente julgado:

a) quando deixe de defini-lo como infração;

b) quando deixe de tratá-lo como contrário a qualquer exigência de ação ou omissão, desde que não tenha sido fraudulento e não tenha implicado em falta de pagamento de tributo;

c) quando lhe comine penalidade menos severa que a prevista na lei vigente ao tempo da sua prática. (Brasil, 1966)

Nesses casos, a lei pode agir sobre fatos que já ocorreram, como notamos, a exemplo dos atos que ainda não foram julgados em definitivos ou quando a penalidade a ser aplicada pela nova lei seja mais branda.

3.3.5 *A interpretação da legislação tributária*

No que se refere à interpretação da lei tributária, o CTN, segundo Portella (2018), divide-se três grupos de regras.

O primeiro é a interpretação literal, a qual prevê que não é permitido estender ou limitar o sentido de uma norma.

Nesse sentido, interpreta-se literalmente, como esclarece Portella (2018), quando a matéria estiver suspensa, quando o crédito tributário for excluído, quando for necessário oferecer isenção ou, ainda, quando forem dispensados os cumprimentos de obrigações acessórias.

Em segundo lugar, interpreta-se a lei tributária de forma independente do direito privado, sendo ela autônoma em relação ao direito civil e ao empresarial. Como disciplina o CTN:

> Art. 111. Interpreta-se literalmente a legislação tributária que disponha sobre:
> I – suspensão ou exclusão do crédito tributário;
> II – outorga de isenção;
> III – dispensa do cumprimento de obrigações tributárias acessórias. (Brasil, 1966)

E também:

> Art. 112. A lei tributária que define infrações, ou lhe comina penalidades, interpreta-se da maneira mais favorável ao acusado, em caso de dúvida quanto:
> I – à capitulação legal do fato;
> II – à natureza ou às circunstâncias materiais do fato, ou à natureza ou extensão dos seus efeitos;
> III – à autoria, imputabilidade ou punibilidade;
> IV – à natureza da penalidade aplicável, ou à sua graduação. (Brasil, 1966)

Entretanto, Portella (2018) afirma que, independentemente de haver autonomia entre os ramos do direito, deve haver vínculo entre eles, podendo os princípios do direito privado ser empregados na inquirição por uma definição da matéria e abarcamento de institutos, conteúdos e formas de direito privado.

No entanto, o autor também esclarece que esses princípios não podem ser usados na definição dos efeitos tributários.

EXEMPLIFICANDO

O contrato de compra e venda é um instituto de direto privado, não de direito tributário. Esse tipo de contrato é regido e definido pelo direito civil, não tendo autonomia para alterar o significado que tenha sido atribuído pelo direito tributário. No entanto, é o direito tributário que indicará os efeitos desse contrato na tributação.

Nesse contexto, não cabe à lei tributária alterar definição e conteúdo, nem o alcance dos institutos do direito privado, mas são dela as implicações tributárias aplicáveis.

Por fim, em terceiro lugar, a interpretação da legislação tributária deve agir sempre em benefício do acusado.

> a) sempre que se tratar de uma lei que defina infrações, ou estabeleça penalidades; b) sempre que houver dúvida quanto:
> › ao enquadramento legal do fato;
> › à natureza ou às circunstâncias em que o fato tenha se realizado, ou a seus efeitos;
> › à autoria, imputabilidade ou punibilidade; ou
> › à natureza da penalidade aplicável, ou à sua graduação. (Portella, 2018, p. 59)

A interpretação literal e a interpretação independente do direito privado são as maneiras de interpretar-se a legislação tributária. Essa premissa deve ser sempre usada em benefício do contribuinte acusado.

3.3.6 Integração da legislação tributária

Conforme esclarece Portella (2018), é por meio da integração da legislação tributária que devem ser resolvidos os conflitos jurídicos quando não existir norma expressa sobre determinada situação.

Portella (2018) também diferencia *interação* de *interpretação*: para a primeira, não há regras na integração, já a segunda observa normas para sua realização.

O que se entende, portanto, é que a integração sempre deve ser usada quando não houver uma lei que regule certa situação, como nos casos a seguir:

> Art. 108. Na ausência de disposição expressa, a autoridade competente para aplicar a legislação tributária utilizará sucessivamente, na ordem indicada:
>
> I – a analogia;
>
> II – os princípios gerais de direito tributário;
>
> III – os princípios gerais de direito público;
>
> IV – a equidade.
>
> § 1º O emprego da analogia não poderá resultar na exigência de tributo não previsto em lei.
>
> § 2º O emprego da equidade não poderá resultar na dispensa do pagamento de tributo devido. (Brasil, 1966)

Portella (2018) ainda mostra quatro técnicas de integração contidas no CTN e, mesmo que se repitam os incisos vistos aqui, os conceitos trazidos devem ser estudados:

> a) aplicação da analogia, que consiste na aplicação de uma norma que é prevista para ser aplicada a um caso

análogo ao analisado. Neste caso, a aplicação da analogia não pode resultar em tributo a pagar; b) aplicação dos princípios gerais do Direito Tributário; c) aplicação dos princípios gerais do Direito Público; d) aplicação da equidade, que consiste em resolver um determinado litígio da forma mais justa ao caso concreto. Ou seja, entre duas alternativas possíveis, deve-se escolher a mais benéfica ao contribuinte. Não obstante, a aplicação da equidade não poderá resultar em dispensa de pagamento de tributo devido. (Portella, 2018, p. 60)

Isso quer dizer que essas técnicas precisam ser aplicadas sucessivamente na ordem apontada, devendo-se esgotar a possibilidade anterior antes de passar-se para a próxima.

EXERCÍCIO RESOLVIDO

A competência tributária é dada aos entres federativos para que possam instituir certos tributos em seu território. Segundo a CF/1988 e o CTN, a União pode instituir, fiscalizar e cobrar determinados tributos. Sobre essa afirmação, assinale a alternativa correta:

a) De acordo com o CTN, compete à União instituir impostos sobre transmissão causa *mortis* e doação de quaisquer bens ou direitos.

b) De acordo com o CTN, compete à União instituir impostos sobre operações relativas à circulação de mercadorias e sobre prestações de serviços de transporte interestadual e intermunicipal e de comunicação, ainda que as operações e as prestações se iniciem no exterior.

c) De acordo com o CTN, compete à União instituir impostos sobre propriedade de veículos automotores e imposto de renda.

d) De acordo com disposição expressa no CTN, compete à União instituir impostos sobre renda e proventos de qualquer natureza.

> Gabarito: D
> *Feedback* do exercício: Essa disposição está contida no art. 43 do CTN, o qual aduz que o Imposto de Renda e os proventos de qualquer natureza são de competência da União. Por fim, isso significa que se devem buscar não somente no CTN e na CF/1988 as soluções para as divergências tributárias que não tenham previsão, mas também na legislação esparsa e na analogia.

3.3 Interpretação da legislação tributária

O ato de interpretar a legislação visa à tradução da intenção do legislador. Trata-se de identificar o que quis dizer o legislador quando criou aquele dispositivo. Então:

> É mecanismo de tradução da mens legislatoris em palavras conclusivas de um raciocínio querido e, agora, a decifrar. Assim, interpretar a lei é compreendê-la diante da pletora de significações possíveis que pressupõe, determinando, com exatidão, seu verdadeiro desígnio, ao demarcar os casos todos a que se estende sua aplicação. (Sabbag, 2016, p. 761)

Seu preceito deve constituir uma atividade interpretativa, a qual deve guiar-se pelo CTN. Segundo Sabbag (2016), aquele que está interpretando pode socorrer-se da hermenêutica e valer-se de tudo o que estiver disponível nos institutos jurídicos, contanto que não sejam contrários ao CTN.

Nessa senda, a interpretação das normas jurídicas deve:

> ser alvo de um sistema interpretativo integrado, capaz de permitir ao exegeta o verdadeiro alcance da norma, em seus sentidos literal, histórico, teleológico e sistemático. Modernamente, a doutrina entende que o melhor seria a aplicação integrada dos métodos de interpretação, na busca da ratio legis. O ideal na atividade investigativa passa a ser o pluralismo metodológico, sem prevalência de um único método e sem hierarquização entre eles: ora se recorre a um. (Sabbag, 2016, p. 761)

Sabbag (2016) discorre, portanto, que é primordial para esse processo de interpretação que a norma seja bem estruturada.

Isso significa que, para que se aplique a lei de maneira correta, é preciso que conheça verdadeiramente o que ela quer dizer.

Sobre isso, o art. 107 do CTN dispõe que a lei tributária deve ser compreendida em conformidade ao que consta no referente capítulo. A interpretação conforme:

> a) se a lei não tratar diferentemente, o intérprete deve evitar qualquer distinção; b) leis excepcionais e as especiais devem ser interpretadas restritivamente; c) no texto legal, não se há de descurar do lugar (topografia) no qual

está colocado o dispositivo, cuja compreensão é buscada. (Sabbag, 2016, p. 762-763)

Segundo o Sabbag (2016, p. 763), a lei pode ser interpretada de diversas maneiras, podendo ser conforme: "(I) a fonte, (II) os meios adequados para sua exegese e (III) os resultados da exegese". A **fonte** ou mecanismo de interpretação autêntica e legal:

> é o mecanismo de interpretação da lei por intermédio de outra lei. Quando uma nova lei é editada, esclarecendo o teor da lei anterior, diz-se que se tem a interpretação autêntica ou legal. Nessa medida, no processo autêntico de exegese, a fonte é a própria "lei", cabendo a atividade hermenêutica ao Poder Legislativo. (Sabbag, 2016, p. 763)

Essa interpretação tem por objetivo, como alude Sabbag (2016), afastar obscuridades da norma. A interpretação jurisprudencial ou judicial é o ato de interpretar com base em julgados, ou seja, no posicionamento reiterado dos tribunais. Já a doutrinária refere-se àquela feita pelo posicionamento dos juristas, ou seja, estudiosos da ciência do direito.

Na sequência, de acordo com Sabbag (2016, p. 764), a interpretação quanto aos **meios adequados** para sua exegese refere-se à interpretação "gramatical, lógica, histórica, teleológica, sistemática e evolutiva".

A interpretação gramatical é, segundo Sabbag (2016), uma ação pela qual se interpreta gramaticalmente, sendo também chamada de *método lógico-gramatical* ou *filológico* ou *léxico*.

No entanto, Sabbag (2016) afirma que esse método sozinho não é eficaz, havendo palavras que não têm um único sentido, e estando os demais igualmente corretos sob a ótica linguística. Assim, há, ainda, palavras que apresentam um significado totalmente diferente do inicial, não sendo possível, inicialmente, alegar que palavra diversa tenha sido empregada com um sentido ou outro, necessitando, para ter validade, ser uma interpretação jurídico-gramatical. Quanto à interpretação lógica:

> funda-se na interpretação "conforme o contexto", analisando, de modo extrínseco, "o que se quis dizer", e não o "o que está dito". Procura-se o sentido lógico do texto, para se evitarem incoerências, contradições, tentando-se harmonizar entre si todas as disposições da lei. É o método que objetiva descobrir o pensamento e o sentido da lei, aplicando-se princípios científicos da lógica. (Sabbag, 2016, p. 766)

Então, esse método está relacionado ao sentido da lei, ao que quis dizer o legislador. O processo histórico, entretanto, é feito na base da motivação da lei e também, conforme Sabbag (2016), de sua razão de ser e de nascer. Nesse sentido, trata-se do

> mecanismo de detecção das circunstâncias eventuais e contingentes que motivaram a edição da lei, sua razão de nascer e de ser. Assim, por meio de um trabalho de reconstituição do conteúdo original da norma, garimpam-se os documentos atinentes à elaboração da lei. (Sabbag, 2016, p. 765)

Isso ocorre porque a lei aplica-se de acordo com o tempo e o espaço, e o tempo em que ela é criada influencia sua interpretação.

EXEMPLIFICANDO

O Código Penal, antes de sua atualização, previa: "induzir mulher honesta a praticar ou permitir que com ela se pratique ato libidinoso". A palavra *honesta* referia-se aos costumes da época que foi criada, tanto que depois foi retirada do ordenamento, mas muitas leis em todos os códigos ainda necessitam de interpretação histórica. Era um termo usado para desqualificar a mulher que não fosse considerada uma dama.

Já a interpretação teológica da norma diz respeito à finalidade desta. Segundo Sabbag (2016), trata-se do processo de investigar a finalidade da norma, pensando no que a lei visa com aquele texto.

É a arte de examinar qual a real função de cada norma no ordenamento tributário e seu equilíbrio ou conexão com os outros componentes do ordenamento jurídico.

Sabbag (2016) esclarece que a interpretação sistemática tem como escopo investigar, podendo ser chamada também de *método lógico-sistemático* ou *sistêmico*.

Enfim, a interpretação evolutiva é realizada em razão das mudanças históricas e político-sociais, sem que se altere seu conteúdo.

Já a interpretação segundo os **resultados da exegese** pode ser: declarativa, extensiva ou restritiva.

De acordo com Sabbag (2016), o que se busca por meio da interpretação declarativa é simplesmente expor, dizer, descrever o que pensa o legislador. E a interpretação extensiva,

> também conhecida por interpretação ampliativa, busca ampliar o sentido do texto para abranger hipóteses semelhantes. Por meio desse processo exegético, almeja-se alcançar a *ratio legis*, ou seja, o sentido veraz da norma, incluindo hipóteses em seu campo de incidência. Pelo mecanismo ampliativo, deve o exegeta proceder a uma análise latitudinária da norma interpretada. (Sabbag, 2016, p. 766)

A interpretação restritiva, por sua vez,

> também intitulada interpretação literal, contrapõe-se à interpretação ampliativa (ou extensiva), anteriormente estudada. Por esse método, a incidência da lei não poderá ir "além" da fórmula ou hipótese expressas em seu texto, ficando afastados os critérios de integração da norma, previstos no art. 108 do CTN. Em outras palavras, onde exsurge a interpretação literal, sucumbe a interpretação extensiva. (Sabbag, 2016, p. 766)

Portanto, refere-se à literalidade do que está disposto, mas, como o próprio autor aduz, esse tipo de interpretação sucumbe à extensiva.

3.4 Interpretação literal

Essa interpretação merece maior ênfase nos estudos, pois o art. 111 do CTN indica quais são os dispositivos que devem ser interpretados unicamente. Dessa maneira,

> Interpreta-se literalmente a legislação tributária que disponha sobre:
> I – suspensão ou exclusão do crédito tributário;
> II – outorga de isenção;
> III – dispensa do cumprimento de obrigações tributárias acessórias. (Brasil, 1966)

Segundo Sabbag (2016), essa interpretação remete ao método restritivo em contraposição ao extensivo. De tal modo, a lei não pode recair fora do método que dispõe sua regulamentação textual, e é por isso que os parâmetros de união da norma se tornam sem efeito na interpretação restritiva. Assim, meios integrativos não são aplicáveis ao art. 111 do CTN.

Quanto a esse dispositivo e método interpretativo, Sabbag (2016, p. 775) assevera que "homenageando a segurança jurídica, corrobora o postulado da legalidade tributária, em toda a sua extensão". Valendo-se de tal interpretação, notamos que o artigo referido dispõe sobre exceções, portanto deriva daí sua interpretação literal. Por não se tratar de uma regra, mas, opostamente, ser sua exceção, deve estar expressa:

> Com efeito, a regra não é o descumprimento de obrigações acessórias, nem a isenção concedida, por fim, nem a exclusão ou suspensão do crédito tributário, mas, respectivamente, o cumprimento de obrigações, o pagamento do

> tributo e a extinção do crédito, mediante pagamento ou outra modalidade extintiva. (Sabbag, 2016, p. 775)

Isso faz com que esse tipo de direito deva ser interpretado literalmente. Outro artigo no mesmo sentido é o art. 175 do CTN, que prevê que o fato de excluir o crédito tributário não comina na desobrigação do pagamento das obrigações assessórias que dependem da principal.

Então, do mesmo modo que o art. 111 do CTN, trata-se de um artigo que depende de uma lei literal para que esse tenha sua função.

Sabbag (2016) expõe que, portanto, recomenda-se a interpretação literal para a lei que dispensa obrigações acessórias, conforme o teor do art. 111, inciso III, do CTN.

3.5 *Interpretação benigna*

É importante finalizar este capítulo com um preceito aplicado ao direito tributário que é tipicamente penal, o chamado *in dubio pro reo*, que, em sua literalidade, significa "na dúvida, a favor do réu".

O referido preceito está disposto no art. 112 do CTN e dispõe:

> Art. 112. A lei tributária que define infrações, ou lhe comina penalidades, interpreta-se da maneira mais favorável ao acusado, em caso de dúvida quanto:
>
> I – à capitulação legal do fato;
>
> II – à natureza ou às circunstâncias materiais do fato, ou à natureza ou extensão dos seus efeitos;

III – à autoria, imputabilidade ou punibilidade;
IV – à natureza da penalidade aplicável ou à sua graduação. (Brasil, 1966)

Esse artigo, como mencionado, pauta-se na presunção de inocência e recebe esse nome *retroatividade benigna* porque, segundo Sabbag (2016), refere-se à "dúvida", cabendo uma interpretação mais favorável nesses casos.

O autor também ratifica que a palavra *dúvida* não se confunde jamais com *ignorância* e *desconhecimento*. Isso significa que, se, por acaso, não houver clareza nos textos legais, no caso de precisar aplicar-se uma punição, o juiz ou aplicador em geral, obrigatoriamente precisa fazer uso do posicionamento mais benéfico para o contribuinte em favor daquele que seja mais gravoso. Diante de uma mínima dúvida sobre as hipóteses citadas no referente artigo, ou não se aplica a sanção, ou aplica-se a mais branda possível.

É possível compreender melhor essa premissa com base no exemplo mostrado por Sabbag (2016), uma jurisprudência do Supremo Tribunal Federal (STF):

> EMENTA: TRIBUTÁRIO E PROCESSO CIVIL [...] 3. Em matéria de juros, **não se aplica a legislação mais benéfica ao contribuinte porque não estão em discussão as hipóteses** do art. 112 do CTN. [...] (Resp. 294.740/SC, 2ª T., rel. Min. Eliana Calmon, j. em 09-04-2002, citado por Sabbag, 2016, p. 778, grifo nosso)

Portanto, esse tipo de interpretação deve ser aplicada à norma punitiva (sanção), não se utilizando em outros dispositivos.

O conteúdo de interpretação da norma tributária está mais bem sintetizado no Quadro 3.1, a seguir.

Quadro 3.1: *Interpretação da norma tributária*

Artigo do Código Tributário Nacional (CTN)	Disposições	Significado
109	Dispõe sobre a inaplicabilidade dos princípios concernentes ao direito privado sobre a definição dos efeitos tributários.	Para o direito privado, somente são utilizados os princípios do CTN para análise da definição, mas não para seus efeitos.
111	Dispõe sobre a interpretação literal.	Interpreta-se literalmente os dispositivos sobre suspensão, exclusão de crédito, isenção e dispensa de cumprimento de obrigações tributárias.
112	Dispõe sobre o *in dubio* para o contribuinte.	Quando o texto legal não for claro ou for dúbio em seu entendimento, a decisão do julgador deve ser em favor da punição mais branda para o contribuinte.

Portanto, são utilizados critérios diferentes para interpretação e aplicação dos princípios no direito público e no privado, adotando-se, para o primeiro caso, as disposições legais como são, e no segundo, somente sua descrição, mas não seus efeitos.

Enfim, tão importante quanto ter acesso à lei são as formas de interpretá-la, por isso o estudo acerca da interpretação da legislação tributária fez-se necessário.

SÍNTESE

› Trata-se do direito de um dispositivo que serve para garantir o bom convívio social, por meio da criação de normas equitativas que são dispostas para um todo, ou seja, para todas as pessoas.

- A função da atividade financeira do Estado é desenvolver atividades que atendam às necessidades inerentes à sociedade.
- Os princípios constitucionais estão dispostos na CF/1988 e no CTN.
- Princípios constitucionais necessariamente impõem limites aos entes federativos (União, estados, Distrito Federal e municípios) de atuação na imposição e cobrança de tributos.
- Trata-se a legislação tributária de uma coleção de normas que dispõem sobre matéria tributária.
- Além da CF/1988 e do CTN, compõem a legislação tributária diversos outros aparatos, como as emendas constitucionais.
- De maneira geral, os tratados internacionais, no que se refere à norma tributária e aos ditames em que o Brasil é signatário, podem dispor sobre isenções internas e outras disposições que não firam os dispositivos legais brasileiros.
- Quem institui os tributos de competência do Distrito Federal é a Lei n. 4.191, de 24 de dezembro de 1962.
- Os entes federativos dispõem sobre o Sistema Tributário Nacional instituindo normas gerais de direito tributário, aplicáveis a cada região de respectiva competência.
- As legislações estadual e municipal devem seguir os preceitos instituídos pelo CTN e pela CF/1988.

4

Tributação no comércio exterior

Neste capítulo, vamos aprofundar o tema da tributação, agora englobando o comércio exterior, com destaque para o panorama geral do comércio exterior e seu conceito para o direito.

Imperioso para este estudo também é a investigação desse tipo de transação no Brasil, bem como dos tributos que incidem sobre tal e da finalidade primordial de sua incidência. Ressaltamos que tanto o produto que entra quanto o material que sai do Brasil sofrem tributação, sendo cada uma dessas situações a seguir analisadas.

Outro ponto a ser observado são os órgãos que compõem essa transação comercial, seja fiscalizando, seja divulgando, seja participando diretamente das negociações. Então, veremos cada um deles mesmo que sumariamente, pois é importante que se saiba, no mínimo, para que cada um convém.

Por fim, compreenderemos como identificar os tributos no comércio exterior, verificando quais estão amparados pelo Código Tributário Nacional (CTN) e quais estão previstos na Constituição Federal (CF) de 1988.

4.1 Considerações iniciais

Analisamos anteriormente a formação do tributo e seu significado, bem como aplicação em cada contexto. O que podemos sintetizar é o seguinte:

a) Tributo é prestação pecuniária: pecuniária significa "em dinheiro".

b) Tributo é uma prestação compulsória: o Direito Tributário é ramo do Direito Público logo, por força do princípio da supremacia do interesse público, existe a imposição unilateral de obrigações, independente da vontade do obrigado.

c) Tributo é uma prestação em moeda ou cujo valor nela se possa exprimir: prestação em moeda fica claro uma vez que a prestação é compulsória. A expressão "ou cujo valor nela se possa exprimir" é muito mais abrangente podendo ser usado meio de pagamentos como: indexadores, títulos da dívida pública, dação em pagamento em bens imóveis.

d) Tributo não é sanção de ato ilícito: elemento fundamental para distinguir tributo de multa tributária. Logo, a diferença entre tributo e multa tributária é que o primeiro nunca é punição por um ilícito e a segunda é sempre penalidade por ato contrário a legislação tributária.

e) Tributo é prestação instituída em lei: a competência tributária é indelegável. Só a Lei pode obrigar alguém a alguma coisa.

f) Tributo é cobrado mediante atividade administrativa plenamente vinculada: essa regra significa que a lei não dá qualquer margem de liberdade ao agente da administração tributária no que diz respeito à cobrança de tributos. Se o agente da administração tributária, no exercício de suas funções, toma conhecimento da ocorrência de um fato gerador, obrigatoriamente deve fazer o lançamento e cobrar o tributo. Não cabe a ele decidir se é oportuno e conveniente cobrar, ou dispensar a exigência por qualquer motivo que não esteja expressamente previsto em lei. (Castro, 2013)

Com base nisso, podemos partir para essa aplicação nas relações de compra e venda com outros países.

A tributação no comércio exterior é compreendida nas relações comerciais como o método primeiro que define o valor aduaneiro nas transações. Trata-se das relações nas transações de mercadorias, sejam estas importadas, sejam exportadas.

Conforme ensinam Macedo e Porto (2010), o valor aduaneiro é a base de cálculo do Imposto de Importação (II). Sua definição é feita conforme o Acordo sobre a Implementação do art. VII do Acordo Geral sobre Tarifas e Comércio – GATT 1994.

Os tributos têm o cálculo do valor aduaneiro, por exemplo, o Imposto sobre Produtos Industrializados (IPI), composto pela soma do valor aduaneiro do II, multiplicando-se esse valor pela alíquota (Master Sul, 2018).

Quanto ao Programa de Integração Social (PIS) e à Contribuição para o Financiamento da Seguridade Social (Cofins), estes incidem sobre o valor aduaneiro. A alíquota para os produtos importados de ambos impostos é diferente. Para o PIS é 2,1% e de 9,65% para a COFINS, entretanto, a lei prevê exceções, as quais podem demonstrar cobranças diversas.

O Imposto sobre Circulação de Mercadorias e Serviços (ICMS) tem sua alíquota definida pelos estados brasileiros. A base de cálculo é definida da seguinte maneira: "Valor aduaneiro + II + IPI + PIS + COFINS + taxa Siscomex + despesas ocorridas até o momento do desembaraço aduaneiro) ÷ (1 – alíquota devida do ICMS)" (Master Sul, 2018).

O valor dessa transação é dado pela base de cálculo nas importações e nas exportações, o que inclui o valor da mercadoria e demais gastos (frete, seguro, gastos de despesas, materiais, entre outros). Os valores incorporam os preços, e existe a classificação fiscal dos produtos para incorporação das relações comerciais exteriores no Brasil.

Ademais, a tributação nacional nas operações exteriores é dada, como aduz o CTN, como a classificação jurídica e econômica incorporada por meio da produção e circulação, juntamente a impostos especiais e extraordinários.

A incidência do imposto só ocorre para a arrecadação com a utilização dele nas atividades comerciais. Os impostos são de competência federal e estão atribuídos na Constituição Federal de 1988, no art. 153, inciso I, podendo somente a União instituí-los e excluí-los, portanto, são de exclusividade da União.

A hipótese de incidência tributária para tais impostos ocorre porque surge uma obrigação de pagar o imposto de importação ou exportação após a realização da atividade caracterizada como hipótese de incidência em que haverá o lançamento desse imposto.

A entrada do produto na região aduaneira ou a saída do produto dela já indicam que houve um critério temporal para caracterizar o momento exato do produto ou mercadoria no tempo e espaço. Isso significa que são critérios temporais e especiais para hipótese de incidência tributária.

Para melhor compreender o tema, é preciso entender a administração tributária, a qual se refere às ações e às atividades que se complementam entre si, utilizadas na garantia do cumprimento da lei tributária e do comércio exterior.

A responsabilidade dessas ações é da Secretaria da Receita Federal, regidas pelo CTN e pela legislação do comércio exterior. No controle dessas atividades para fins de fiscalização, emprega-se um conjunto integrado de informações obtido via declarações dos contribuintes à Receita Federal.

PARA SABER MAIS

O CTN faz menção, no art. 19, à importação de produtos para o Brasil: "O imposto, de competência da União, sobre a importação de produtos estrangeiros tem como fato gerador a entrada destes no território nacional". Para saber mais a respeito desse artigo, é só acessar o *link*: <http://www.planalto.gov.br/ccivil_03/leis/l5172compilado.htm>. Acesso em: 22 jul. 2021.

O CTN discorre sobre as exportações no art. 23: "O imposto, de competência da União, sobre a exportação, para o estrangeiro, de produtos nacionais ou nacionalizados, tem como fato gerador a saída do território nacional" (Brasil, 1966).

Os referidos impostos incidem nas exportações e nas importações do âmbito tributário federal de entrada e de saída de mercadorias.

Nesse sentido, segundo o art. 153, inciso II, da CF/1988, compete à União instituir impostos sobre: "I – importação de produtos estrangeiros; II – exportação, para o exterior, de produtos nacionais e nacionalizados" (Brasil, 1988). Esses itens serão estudados com mais detalhes na sequência.

4.2 Comércio exterior

As relações econômicas ocorrem em decorrência das necessidades humanas ilimitadas e da produção de bens e de serviços nas relações que visam ao lucro. A circulação de bens tem como objetivo permitir a forma lucrativa, a circulação de bens, como as mercadorias entre a relação de produtores e consumidores.

Para os países, dessa transação se verificam os seguintes benefícios:

> aumento do fluxo monetário entre os países;
> ampliação do mercado de consumo;
> acesso a uma maior diversidade de mercadorias pela oferta de produtos importados; capacitação tecnológica do parque fabril;
> geração de empregos etc. (Poyer; Roratto, 2017, p. 9)

Na atualidade, acontece a troca entre as relações de compra e venda do comércio internacional. A venda de produtos é chamada de *exportação*, e a compra de produtos é chamada de *importação*.

O comércio exterior brasileiro abrange as trocas de bens entre o Brasil e outros países, e vice-versa. Dessa forma, o comércio exterior envolve a entrada e a saída de território nacional de produtos e mercadorias.

No entanto, não devemos confundir comércio exterior com comércio internacional:

> O termo Comércio Exterior está diretamente ligado ao comércio que um país tem com o resto do mundo, podendo

ser não apenas uma relação de compra e venda, mas, também, outros tipos de contrato, como leasing, aluguel, transporte e seguros. É a relação que o Estado exerce sobre o comércio exterior, determinando o modo como a política de comércio deve ser regulada e controlada. Já o termo Comércio Internacional refere-se ao comércio mundial como um todo e é submetido ao Direito Internacional Público. (Castro, 2013)

Ainda, como alude Soares (2004, p. 13, citado por Poyer; Roratto, 2017, p. 10), é possível definir comércio exterior "como uma operação internacional de compra e venda na qual agentes econômicos estão em países distintos negociando serviços e bens que serão transportados internacionalmente e sobre os quais recairão taxas de câmbio".

Figura 4.1: **Porto com navio e contêineres**

Anita van den Broek/Shutterstock

Os bens exportados, geralmente, são enviados ao exterior em contêineres ou em aviões de carga, entre outros meios de transporte que possam fazer a travessia para o exterior, havendo tributação sobre o transporte desses bens.

No registro das relações econômicas existentes entre os países, há um balanço entre o interesse pelas vendas e pelas compras, com regras internas do país, regidas pelo ordenamento jurídico existente, seja com leis, decretos, normas aplicáveis, seja com questões de logística, aduana, financeiras, tributárias qualidade, vigilância e fiscalização.

Entretanto, é importante a troca de contato nas relações com motivos comerciais entre os países com uma divisão no comércio internacional de trabalho, ou seja, dispositivos de uma divisão de trabalho, em torno do comércio exterior, o que se tornou uma necessidade.

De acordo com Maia (2004), as jazidas minerais não são uniformemente distribuídas pelo planeta, como ocorre com o petróleo. Ainda, o autor aduz que, em razão do clima, a agricultura também é desigual, e isso requer que os países tenham de exportar esse tipo de insumo para os demais países (Maia, 2004). Outro bem citado são os aviões que o Brasil exporta.

Assim, o comércio exterior é uma necessidade, e a integração dos países cresceu muito com o passar dos anos, assim, as relações comerciais exteriores têm se tornado maior em todos dos países.

Com efeito, o Brasil detém relações comerciais no exterior, expressas pelo Ministério da Indústria, Comércio Exterior e Serviços (MDIC), que aponta que o crescimento nas relações comerciais brasileiras com exterior tem sido cada vez maior.

Os países que têm relações comerciais com o Brasil apresentam alto nível de investimento, assim como o Brasil, e isso auxilia no aumento do interesse dos países, o que favorece relações de importação e de exportação amplas e de confiança entre ambos.

Portanto, por intermédio da construção dessa relação de investimento entre ambos os países interessados nas relações comerciais exteriores, há uma força maior para inovação e expansão nas importações e exportações de produtos aos países.

A relação que compreende a atividade econômica complementar é um fator também de extrema importância, ou seja, a afinidade de maior profundidade entre as economias internacionais (Keedi, 2004).

O funcionamento do comércio exterior vigora em países que complementam outros países, em especial para que haja o abastecimento de produtos internacionais, ou uma reunião de diversos países para a construção de um único produto.

É cada vez maior o aumento do comércio exterior, que compreende portos, regiões aduaneiras, desembaraço aduaneiro, normas internas e externas, acompanhamento, capacitação, inteligência e inúmeros outros setores que estão acompanhando as evoluções cotidianas do meio vigente.

A diminuição de riscos nas operações ocorre a partir do momento em que há um planejamento nas relações, e é de grande importância nas relações comerciais exteriores e também no planejamento interno, que se volta a um mercado interno e externo específico para maiores ganhos existentes.

Com os abalos da pandemia mundial do coronavírus – covid-19, tem-se notado que as maiores importações no país têm sido no setor hospitalar e alimentício; já em outras regiões do planeta, percebe-se o crescente número de pessoas que tem apoiado o trabalho conjunto de importação de insumos, matérias-primas, produtos hospitalares e alimentícios.

Na história mundial, o comércio exterior sempre teve papel de importância. Hoje, mais do que nunca, o comércio exterior tem sido uma forma de equilíbrio entre mercado, países, produção, consumo, podendo minimizar ou até mesmo eliminar problemas nacionais.

As exportações impulsionam e ampliam o mercado interno e escoam a produção de produto nacional; já as importações abastecem todas as necessidades emergentes do mercado nacional para uso interno.

No aspecto das exportações, é importante o estudo sobre o Mercado Comum do Sul (Mercosul). Esse bloco econômico, criado em 1991, é uma organização intergovernamental de união aduaneira e livre-comércio dos países-membros. Conforme o entendimento de Matias (2021), o Mercosul não tem ordenamento ou tributação comunitária, mas há uma união aduaneira, em que prevalecem tarifas iguais para os países que são membros. Essas tarifas recaem sobre os produtos e serviços com outros países fora dessa organização.

O fato de esses países integrarem um bloco os coloca em posição de solidariedade entre si, significando que, quando um dos Estados ansiar dar alguma vantagem tributária para outro país que esteja fora do bloco nas importações necessariamente, deverá obter o aval dos demais membros.

Segundo Rodrigues (2016), mesmo em um contexto de crise dos países integrantes do Mercosul e do próprio bloco em si, existe o imperativo geoestratégico de ampliação, aprofundamento e autonomia desse bloco no cenário internacional, por vezes deixado de lado, o que pode favorecer mais o comércio na região.

A união aduaneira foi constituída conforme uma aliança comercial e visa dinamizar a economia regional desde a sua criação. Para o comércio exterior, é importante frisar que o Tratado de Assunção foi o principal documento constitutivo, correspondendo à fundação do Mercosul e visando à livre circulação de bens serviços e fatores produtivos entre os países, além do estabelecimento de uma tarifa externa comum e da adoção de uma política comercial comum (Rodrigues, 2016).

Todas as mercadorias de compra e venda no mercado exterior devem ser declaradas ao governo, Receita Federal e Siscomex (que será abordado adiante), que é um dos sistemas de que o governo federal dispõe para a declaração de mercadorias por meio de siglas que identificam o produto a partir da Nomenclatura Comum no Mercosul de Produtos (NCM) e a documentação eletrônica necessária.

Para circulação livre de tarifas dentro do Mercosul, é necessário que os países atendam a alguns requisitos:

> › a mercadoria deve estar acompanhada do certificado de Origem Mercosul;
> › seja aplicado o regime de origem, ou seja, a Declaração do Produtor, as regras para conferir o caráter originário das mercadorias, os procedimentos para emissão do certificado, o modelo desse certificado e as sanções para os casos de falsidade e adulteração dos documentos; e,

> Índice de Nacionalização, que deverá observar o percentual de 60% de componentes produzidos nacionalmente. (Poyer; Roratto, 2017, p. 54)

Ainda, é preciso observar as regras gerais para classificação de mercadorias na NCM:

> os títulos das seções e capítulos são apenas indicativos;
> qualquer referência a um artigo independe do estado em que se encontra, desde que apresente características essenciais;
> a posição mais específica prevalece sobre a mais genérica;
> o produto composto de várias matérias-primas classifica-se pela que lhe conferir a característica essencial;
> classificação pela semelhança;
> as embalagens, estojos–quando acompanham o produto–classificam-se junto com ele, exceto quando sejam de utilização repetida. (Poyer; Roratto, 2017, p. 55)

Assim, para a realização do comércio exterior, é necessário documentação eletrônica, importação sujeitas a controles especiais, utilização de despachantes especiais, acesso ao Siscomex, negociação com fornecedores estrangeiros e compradores estrangeiros dependendo do caso (importação ou exportação), autorização para embarque, chegada da carga ou saída da carga, registro da autorização de importação ou exportação, declaração de tributos e taxas, registro de tributação e pagamento do fornecedor e pagador (Vieira, 2002).

No comércio exterior brasileiro, há a visão integrada da etapa de licenciamento, cambial e aduaneira, isto é, todo o processo engloba desde o embarque da mercadoria, passa pelo licenciamento nas funções das normas que regem cada etapa do comércio exterior e pela aduaneira dos portos do produto até a alfândega.

Segundo Poyer e Roratto (2017, p. 11), "o conceito de exportação pode ser dividido em quatro aspectos: negocial, logístico, cambial e fiscal".

Esses autores também esclarecem que o aspecto negocial inclui o ato de negociar preços, pagamentos e a elaboração de faturas. Vale ressaltar que, para elaborar preço, utilizam-se os termos comerciais internacionais ou Incoterms *(Internacional Commercial Terms)*.

Quanto ao aspecto logístico, são verificados os trâmites para que a mercadoria seja entregue em perfeitas condições para seu receptor, o que envolve diversos fatores, como caixas, meio de transporte etc.

Já no que se refere ao câmbio, trata-se da moeda escolhida para a transação e as operações envolvidas, além do pagamento efetivo ao vendedor.

Por sua vez, o aspecto fiscal trata da documentação para despachar os produtos e dos tributos a serem pagos.

No que tange ao aspecto comercial, especificamente, Poyer e Roratto (2017, p. 12) postulam que, na transferência de propriedade, a importação acontece por intermédio de "recebimento da mercadoria pelo comprador no local designado no exterior, de acordo com as cláusulas do contrato de compra e venda".

Outro ponto importante é a definição do que é o Sistema Integrado de Comércio Exterior (Siscomex), que operacionaliza as operações de comércio exterior no Brasil.

Segundo Poyer e Roratto (2017), trata-se de uma ferramenta administrativa informatizada na qual as atividades de registro estão dispostas para fins de controle de operações comerciais. Essa ferramenta foi criada pelo Decreto-Lei n. 660, de 25 de setembro de 1992, o qual prevê que todas essas operações devem ser feitas por sistema (Brasil, 1992a).

Esse sistema integra de maneira *on-line* gestores, anuentes, fronteiras, bancos autorizados, entre outros, por meio do *site*: http://siscomex.gov.br/, o que colabora com que os exportadores registrem suas atividades nesse sistema e viabiliza a ação de fiscalização por meio deste.

Conforme esclarecem Poyer e Roratto (2017, p. 27), "é preciso que além do registro no Siscomex, seja feito também registro de exportadores e importadores na Secretaria de Comércio Exterior".

E ainda:

> De acordo com a Consolidação das Portarias da SECEX sobre exportação e importação (Portaria nº 35 de 2006), é permitido às pessoas físicas exportar e importar mercadorias em quantidades que não revelem prática de comércio e desde que não se configure habitualidade, exceto nos casos de tratar-se de agricultor ou pecuarista, cujo imóvel rural esteja cadastrado no Instituto Nacional de Colonização e Reforma Agrária (INCRA) ou artesãos, artistas ou assemelhados, registrados como profissionais autônomos. (Poyer; Roratto, 2017, p. 27)

É o próprio habilitado quem realiza suas operações no sistema mediante habilitação prévia.

O licenciamento das importações pode ser feito da seguinte maneira:

> › Dispensa de licenciamento – como regra geral, as importações brasileiras estão dispensadas de licenciamento, bastando aos importadores tão somente providenciarem a Declaração de Importação no SISCOMEX, com o objetivo de dar início aos procedimentos de despacho aduaneiro junto à unidade da Secretaria da Receita Federal.
> › Licenciamento automático – é realizado de forma automática no SISCOMEX, para os produtos listados no seu tratamento administrativo, publicados na página da Internet do Ministério do Desenvolvimento, Indústria e Comércio Exterior e para as importações amparadas pelo regime aduaneiro de Drawback.
> › Licenciamento não automático (LI) – O licenciamento não automático é exigido às situações previstas nos normativos de importação. Ele requer que o importador preste informações de natureza comercial, financeira, cambial e fiscal relativas à importação de mercadorias no sistema, antes que a mercadoria embarque no exterior ou, em alguns casos, anteriormente ao despacho aduaneiro de importação. (Poyer; Roratto, 2017, p. 28)

Ainda, Poyer e Roratto (2017, p. 28) afirmam que esses pedidos devem ser registrados nesse sistema "pelo importador, seu representante legal, ou, ainda, por agentes credenciados pelo Departamento de Operações de Comércio Exterior

(DECEX) da Secretaria de Comércio Exterior e pela Secretaria da Receita Federal (SRF)".

Já nas exportações são feitas da seguinte forma:

> Registro de Exportação (RE) – é o conjunto de informações de natureza comercial, financeira, cambial e fiscal que caracteriza a operação de exportação de uma mercadoria e define o seu enquadramento administrativo.

> Registro de Exportação Simplificado (RES) – é aplicável nas operações de exportação com cobertura cambial e para embarque imediato para o exterior, até o limite de US$ 10.000,00 (dez mil dólares dos Estados Unidos), ou o equivalente em outras moedas. Essa modalidade é muito utilizada nas exportações via correio.

> Registro de Venda (RV) – serve para registrar no SISCOMEX informações de natureza, comercial, fiscal e cambial de operações de exportações, cuja venda seja realizada por meio de bolsa de valores e deverá ser efetuado no SISCOMEX previamente à solicitação do RE. Os produtos passíveis de Registro de Vendas estão relacionados no Anexo C da Consolidação das Normas de Exportação.

> Registro de Crédito (RC) – é o documento eletrônico que contempla as condições definidas para as exportações financiadas e, como regra geral, deve ser preenchido previamente ao RE. Considera-se exportação financiada toda operação de venda para o exterior com prazo de pagamento superior a 180 dias. No entanto, observando legislação específica, podem ser

financiadas as operações com prazo igual ou inferior a 180 dias. Os financiamentos podem ser com recursos da União ou próprios do exportador. (Poyer; Roratto, 2017, p. 29)

Portanto, há significativa contribuição para os órgãos de fiscalização e para as indústrias, que podem organizar-se com mais facilidade e visualizar seus atos com clareza.

Existem, ainda, documentos que compõem o processo de exportação e servem para transferir a titularidade e a posse dos produtos do exportador para o importador. São eles:

› o conhecimento de embarque;
› a Fatura Comercial ou Commercial Invoice;
› o Romaneio ou Packing List;
› os Certificados. (Poyer; Roratto, 2017, p. 46)

O primeiro da referida lista, conhecimento de embarque, é o transporte, que deve ser feito por meio de um contrato que responsabiliza o transportador pela posse e entrega do insumo ao destinatário que estiver nele contido, devendo ser apresentado o original. Uma vez liberadas essas mercadorias, elas são entregues ao transportador e embarcadas.

Já a fatura comercial, conforme Poyer e Roratto (2017), deve ser pedida pelo importador para gerar o processo de desembaraço aduaneiro dos bens e serviços na alfândega do país que os receberá. Isso acarreta a aceitação dos termos e das condições conforme a lei do país remetente. Não havendo um padrão de fatura, esta fica a critério do exportador.

O penúltimo da lista, ou romaneio, diz respeito a

um documento complementar, que tem a finalidade de auxiliar nos serviços de logística de movimentação internacional de mercadorias. Em termos de conceito, é uma lista que descreve a forma como as mercadorias foram carregadas nas unidades de carga, permitindo sua identificação e localização importador. (Poyer; Roratto, 2017, p. 63)

Embora seja um documento informal, ele é necessário para a verificação do que está sendo comercializado.

Os últimos, os certificados, servem para controle aduaneiro:

> No comércio internacional é comum a exigência de apresentação de certificados em função dos controles aduaneiros exercidos pelos países importadores. Os certificados podem ser exigidos para controles de condições sanitárias, de análises físico-químicas dos produtos, de qualidade, de inspeção e peso. [...] Nessa categoria estão os certificados fitossanitários, de qualidade, de análise, de inspeção e de peso. (Poyer; Roratto, 2017, p. 64)

Conforme esclarecem Poyer e Roratto (2017, p. 64), são "imposições da legislação brasileira ou de países com os quais comercializamos os produtos, e são provenientes de acordos bilaterais ou mesmo multilaterais".

4.2.1 *Instituições que intervêm no comércio exterior no Brasil*

Primeiramente, quanto às instituições que intervêm no comércio exterior do Brasil, tem-se a Receita Federal como órgão específico, cuja função é administrar as atividades fiscalizadoras, lançar crédito e cobrança e ajuizar em primeira instância de processos fiscais (Castro, 2013).

No entanto, ela também realiza o controle aduaneiro que, de acordo com Luz (2012, p. 8, citado por Castro, 2013), "possui caráter extrafiscal, baseando-se na defesa contra danos ao Brasil e protegendo a economia de subfaturação e falsificação".

Dessa forma, é a Receita Federal é quem interpreta e aplica o Regulamento Aduaneiro, acompanhando, conforme aduz Castro (2013), a execução das políticas tributárias e aduaneiras.

As disposições de competência da Receita Federal estão dispostas no Decreto n. 7.482, de 16 de maio de 2011, em seu art. 15:

> Art. 15. À Receita Federal do Brasil compete:
> [...]
> III – interpretar a legislação fiscal, aduaneira, de custeio previdenciário e correlato, editando os atos normativos e as instruções necessárias à sua execução;
> VII – acompanhar a execução das políticas tributária e aduaneira e estudar seus efeitos na economia do País.
> (Brasil, 2011)

Dispõe ainda, no inciso XX do mesmo artigo, que a Receita Federal do Brasil pode:

> participar, planejar, coordenar e realizar as atividades de repressão ao contrabando, ao descaminho, à contrafação e pirataria e ao tráfico ilícito de entorpecentes e de drogas afins, e à lavagem e ocultação de bens, direitos e valores. (Castro, 2013)

Isso pode acontecer desde que, claro, obedeça às deposições legais. Já a Secretaria de Comércio Exterior (Secex) subordina-se ao MDIC. Suas competências são:

> a) política de comércio exterior;
> b) regulamentação e execução dos programas e atividades relativas ao comércio exterior;
> c) aplicação dos mecanismos de defesa comercial;
> e d) participação em negociações internacionais relativas ao comércio exterior. (Castro, 2013)

Sua função primordial, conforme aduz Castro (2013), é a propositura de negociações em âmbito internacional e a defesa comercial. Divide-se em:

> › Departamento de Operações de Comércio Exterior (DECEX): O DECEX tem a competência de diferir os registros de exportação e licenças de importação, ou seja, delibera sobre o ato de importar e exportar. Ademais, desenvolve, executa e acompanha as políticas e programas do comércio exterior.
> › Departamento de Defesa Comercial (DECOM): Ao DECOM compete aplicar os mecanismos de defesa comercial, ou seja, apurar a existência de *dumping* ou de subsídios praticados contra o a nação. (Castro, 2013)

Sobre a questão do *dumping*, o governo brasileiro regulamentou a legislação *antidumping* por meio do Decreto n. 1.602/1995.

Segundo Tatagiba (2020), *antidumping* é um sistema de regras que visa combater o *dumping*, que é a prática de um país exportar produtos a preços abaixo do praticado no país de destino, com intuito de ganhar mercado, excluindo do comércio o produto do próprio país. A Organização Mundial de Comércio (OMC) é a regulamentadora dessa questão e intervém para que os países tenham direito de aplicar taxas iguais ou menores que o *dumping* de outras nacionalidades.

O subsídio é entendido tal qual uma contribuição pecuniária ou de outra ordem dada pelo governo para produção cujo fim é a competitividade no mercado exterior. Já produção se refere a qualquer atividade industrial. No que tange aos departamentos envolvidos:

› Departamento de Negociações Internacionais (DEINT): Ao DEINT compete negociar os termos dos acordos que o país tenciona celebrar. Ele não possui sua atuação vinculada diretamente ao importador ou exportador brasileiro.
› Departamento de Planejamento e Desenvolvimento do Comércio Exterior (DEPLA): Como o DEINT, o DEPLA está diretamente ligado a negociações de acordos internacionais relativos ao comércio exterior e elaboração de propostas de desenvolvimento do país por meio deste comércio. (Castro, 2013)

O Depla cuida das propostas de comércio exterior e tem obrigação de acompanhá-las. Há também o Banco Central do Brasil, que, segundo Newsland Junior (2010, p. 13, citado por Castro, 2013), "um órgão executivo. Tem como responsabilidade cumprir e fazer cumprir as disposições que lhes são atribuídas pela legislação em vigor e as normas emanadas pela comissão de valores mobiliários".

No âmbito do comércio exterior, Castro (2013) afirma que esse órgão tem como função principal a fiscalização dos bancos, as remessas e os recebimentos, além de tudo que concerne às formalidades de entrada e saída de recursos de importação e exportação.

Outro órgão importante é o Ministério das Relações Exteriores (MRE), e suas funções estão elencadas no art. 1º do Decreto n. 7.304, de 22 de setembro de 2010:

> Art. 1º O Ministério das Relações Exteriores, órgão da administração direta, tem como área de competência os seguintes assuntos:
>
> I – política internacional;
>
> II – relações diplomáticas e serviços consulares;
>
> III – participação nas negociações comerciais, econômicas, técnicas e culturais com governos e entidades estrangeiras;
>
> IV – programas de cooperação internacional e de promoção comercial; e
>
> V – apoio a delegações, comitivas e representações brasileiras em agências e organismos internacionais e multilaterais. (Brasil, 2010)

Além disso, Castro (2013) explica que essa função envolve promoção comercial e divulgação de negócios em potencial para os exportadores brasileiros.

Seguindo, outra entidade desse meio é a Câmara de Comércio Exterior (Camex), cujas atribuições são:

a) fixar diretrizes e parâmetros, coordenar e orientar;
b) tem a competência de fixar as alíquotas do II e IE, alíquotas antidumping, medidas compensatórias e de salvaguarda;
c) alterar a Nomenclatura Comum do Mercosul (internaliza as alterações feitas no Mercosul); e
d) avalia o impacto das medidas cambiais, monetárias e fiscais sobre o comércio exterior e a fixação de diretrizes para a política de financiamento e de seguro de crédito às exportações. (Castro, 2013)

Essa instituição foi criada pelo Decreto n. 4.732, de 10 de junho de 2003 (Brasil, 2003a), e sua importância será estudada na sequência. Além desses órgãos, outros órgãos estatais apoiam o comércio extravasando as barreiras do incentivo:

› Câmaras de Comércio – associações de empresas com o intuito de promover o intercâmbio comercial, divulgando informações e oportunidades de negócios entre o Brasil e os países que representam.
› Federações das Indústrias dos Estados – em geral, a maioria das Federações de Indústrias possui setores de Promoções de comércio, os quais tratam de promover a captação de investimentos, transferência de tecnologia, encontros e missões comerciais, além de emitirem os Certificados de Origem.
› Embaixadas e Consulados Estrangeiros – essas representações possuem escritórios de promoção comercial no país, que objetivam a ampliação das transações comerciais com o Brasil, pela divulgação de cadastros de empresas estrangeiras interessadas em atuar no mercado brasileiro. (Poyer; Roratto, 2017, p. 19-20)

Outros órgãos não mencionados têm aplicação indireta nesse mecanismo, mas listam-se aqui somente os principais.

As medidas compensatórias referem-se às medidas de defesa comercial, pois protegem a indústria nacional de concessões de subsídio feitas pelo país exportador. Conforme o art. 10 do Acordo sobre Subsídios e Medidas Compensatórias (ASMC), trata-se de defesas prévias, tidas como direito especial, percebidas com o fim de contrabalançar qualquer subsídio concedido, direta ou indiretamente, à fabricação, à produção ou à exportação de quaisquer mercadorias.

Segundo Pessoa (2016), entende-se por subsídio o que ficou estabelecido no ASMC. Há, então, três tipos de subsídios: legais ou não acionáveis, ilegais e não sancionáveis.

A autora explica que os subsídios legais são, por exemplo, aqueles direcionados à pesquisa ou ao desenvolvimento de lugares mais pobres, por isso, são os não específicos, mas dentro das regras do acordo (Pessoa, 2016). Os subsídios ilegais são os que estiverem ligados ao desempenho do exportador e os que forem proibidos por haver preferência pelos produtores nacionais. Os subsídios acionáveis são os que podem prejudicar a indústria nacional.

Pessoa (2016) também ensina sobre as medidas salvaguardas como instrumentos de defesa comercial do Brasil. Estas podem ser usadas por determinado Estado, por exemplo, o Brasil, a pedido de um setor importante que precise proteger sua área de atuação, seu território, sua região, de um aumento sem previsões de importação de produtos da concorrência, caso isso gere avarias à indústria nacional. Um exemplo é a venda de petróleo no Brasil, que também importa esse produto.

4.3 Conceito de comércio exterior

O comércio exterior é definido pela Receita Federal Brasileira como voltado para regras internas do Brasil, para as transações econômicas e comerciais, logísticas e financeiras e para as questões no âmbito da tributação vigente, assim como fiscalização e qualidade.

No comércio internacional, que não é o mesmo que comércio exterior, as empresas estabelecem relações que envolvem nações diferentes, realizando uma troca de bens entre si. Nesse caso, a troca de bens e serviços caracteriza comércio internacional.

O comércio exterior atua em diversas áreas, tais como: importações e exportações entre empresas, profissionais qualificados, análise de mercado com um estudo específico sobre qual será o país e o que é necessário para os mercados externo e interno.

A consultoria é feita nos campos logístico, de *marketing*, de cotação e de gestão de todo o processo do comércio exterior. O comércio exterior, com mudanças e aprofundamento, tem intensificado transações e consultoria, pois realmente é uma área muito promissora, que detém fontes normativas uniformes no direito internacional e nacional (Vieira, 2002). Essa consultoria tem a responsabilidade de realizar desde a contratação até o pagamento das operações que abrangem inúmeros passos.

A respeito do tema comércio exterior, é relevante estudar a bitributação e a dupla isenção, pois são recorrentes no cotidiano das importações. De acordo com Gontijo (2014), a bitributação é a hipótese em que um mesmo fato gerador faz com que o contribuinte arque de forma simultânea com a soberania fiscal de dois entes diferentes, por exemplo, dois Estados. As atividades econômicas de um contribuinte sofrem, então, dificuldades em ser expandidas através das fronteiras.

Isso gera aumento na carga tributária desse contribuinte. Para evitar a bitributação, os entes ou mesmo Estados adotam medidas internas mediante acordos que restringem a competência tributária.

Conforme Gontijo (2014), nesse tipo de acordo, que geralmente é bilateral, pois existe dificuldade em tratar com mais países ao mesmo tempo, há concessões de ambas as partes, que restringem o poder de tributação.

Quanto aos países, os tratados internacionais assinados podem determinar que a tributação de algumas categorias fique a cargo de cada Estado, aqui colocado como país, ou optar que a tributação seja eliminada ou atenuada.

Com relação à isenção tributária, o art. 150, parágrafo 6º, da CF/1988 assim dispõe:

> § 6º Qualquer subsídio ou isenção, redução de base de cálculo, concessão de crédito presumido, anistia ou remissão, relativos a impostos, taxas ou contribuições, só poderá ser concedido mediante lei específica, federal, estadual ou municipal, que regule exclusivamente as matérias acima enumeradas ou o correspondente tributo ou contribuição, sem prejuízo do disposto no art. 155, § 2º, XII, g. (Brasil, 1988)

Dessa maneira, toda isenção tributária é decorrente da lei. O art. 175 do CTN qualifica as isenções e as anistias como as hipóteses de exclusão do crédito tributário.

As isenções tributárias são predeterminações normativas que estabelecem, de forma negativa, no plano infraconstitucional, que situações, bens e ou pessoas não serão tributadas. As isenções se referem a situações que não estão sujeitas à tributação, pois não há o surgimento de vínculo jurídico-tributário e, consequentemente, não há crédito (Chiesa, 2019).

Chiesa (2019) adverte que as isenções não se confundem com a não incidência, que se refere aos fatos não disciplinados pelo direito, pois, se não fosse a modificação dos termos da lei instituidora do tributo, os "fatos" isentos seriam tributados. A regra de isenção ataca a própria esquematização formal da norma-padrão de incidência. Na anistia de crédito tributário, há a regra jurídica destinada a perdoar a infração cometida mediante a não exigência da multa prevista para infrações consistentes no não pagamento de tributo.

Assim, nas isenções, a legislação disciplina hipóteses que não podem ser submetidas à tributação e às anistias, ou seja, a lei somente afasta a aplicação da sanção. No sentido de não confundir isenção com outros institutos, temos a remissão do crédito tributário, que é, nos termos do art. 156 do CTN, uma hipótese de extinção da obrigação tributária, consistindo na dispensa do pagamento do próprio tributo.

EXERCÍCIO RESOLVIDO

Considerando o comércio exterior como uma troca de bens e serviços tanto entre países quanto no território nacional e sabendo de sua importância para o crescimento de um país, variação do PIB, influência na balança comercial e seu desenvolvimento tecnológico, assinale a alternativa que corretamente descreve os impostos relacionados nas relações de comércio exterior:

a) Somente o Imposto de Importação é um imposto relacionado nas relações de comércio exterior.
b) Somente o Imposto de Exportação é um imposto relacionado nas relações de comércio exterior.
c) O Imposto de Importação e o de Exportação são impostos relacionados nas relações de comércio exterior.
d) Nenhuma das alternativas anteriores corresponde a impostos que estejam relacionados ao comércio exterior.

> Gabarito: C
> *Feedback* do exercício: O Imposto de Importação e o Imposto de Exportação são identificados no art. 153, inciso II, da CF/1988, sendo os impostos constantes na relação de comércio internacional.

4.3.1 O Brasil e o comércio exterior

De acordo com Castro (2013), o processo histórico de formação do comércio exterior no Brasil teve início em 1807, quando a família real portuguesa veio para o país para fugir da influência de Napoleão, a qual se estendia pela Europa.

Ainda, afirma Castro (2013) que o marco inicial do comércio exterior ocorreu em 1808, com a assinatura da Carta Régia da Abertura dos Portos da colônia. Uma vez que a França tinha controle da Europa e de Portugal e a família real possuía um acervo limitado de recursos, o único meio de movimentar riquezas era o comércio internacional do Brasil-Colônia.

Entretanto, mesmo que a colônia tenha sido aberta para todas as nações amigas, Castro (2013) explica que a única beneficiada foi a Inglaterra, pois as outras nações estariam ocupadas com os avanços das tropas de napoleônicas, que praticamente dominavam toda a Europa.

Então, a Inglaterra, que estava segura desse domínio, viu no Brasil uma ótima oportunidade de negócio, firmando o Tratado de Comércio com o Brasil-Colônia, no qual obtinha benefícios preferenciais em relação a outros países. De acordo com Castro (2013), as taxas oferecidas para a Inglaterra eram cerca de 50% menores que o valor sobre impostos internos que eram cobrados dos outros exportadores. Então, a Inglaterra tinha o Porto Catarina, que era exclusivo para seus negócios.

Tendo em vista o liberalismo político, Castro (2013) lembra que, no ano 1822, o monarca D. Pedro I proclamou a Independência do Brasil, outorgando ainda, em 1824, a Carta Magna, o que gerou reflexos imperiosos para a economia nacional dos anos subsequentes.

O autor esclarece que, em razão de um déficit da balança comercial entre 1841 e 1850, o Brasil rompeu o Tratado Comercial com a Inglaterra, aumentando os direitos alfandegários e os custos de importação. Nesse período, a dívida externa do Brasil alcançou 5 milhões de libras esterlinas.

No entanto, na década seguinte, Castro (2013) afirma que a balança comercial atingiu o superávit graças à exportação de café, açúcar, algodão e borracha. Essa modernização ocorreu até 1898, quando se deparou com a crise econômica do "encilhamento", vivenciando altos níveis inflacionários que fizeram com que o Brasil tivesse de adquirir empréstimo com a Inglaterra.

Na primeira década do século XX, segundo Castro (2013), a exportação da borracha entrou em ascensão, pois o café sofreu queda no mercado exterior em virtude dos baixos preços oferecidos.

Mesmo com o preço do café subindo até o ano de 1929, a quebra da bolsa de valores de Nova York fez com que o governo brasileiro queimasse todo o estoque em excesso.

Em 1940, com a Segunda Guerra Mundial, houve um aumento nas exportações de matérias-primas específicas, como elucida Castro (2013). Assim, com o fim da Segunda Guerra, o Brasil voltou a exportar café com força total.

Entretanto, foi a partir do ano de 1956 que a economia brasileira se consolidou no processo de industrialização, ocorrido no Governo Juscelino Kubitschek, como se vê:

> O Plano de Metas para o período 1956-61 prevê a instalação de novos setores industriais como o de automóveis, autopeças e outros insumos industriais, além da produção de alguns bens de capital. A concretização do Plano se torna possível devido à participação do Estado no setor de infraestrutura, ao investimento direto externo no processo de industrialização e à atração de empresas multinacionais, cuja expressão mais visível é a indústria automobilística. (Castro, 2013)

O comércio exterior diversificou-se quanto à exportação, tanto no que se refere aos produtos quanto ao mercado.

Ademais, Castro (2013) aduz que o Plano de Metas propôs a meta de "crescer cinquenta anos em cinco", por meio do desenvolvimento da indústria de matéria-prima, da construção de estradas e de hidrelétricas e também do aumento da extração de petrolífera, como se observa:

> A meta principal é retirar o Brasil do estágio de subdesenvolvimento e transformá-lo num país industrializado. Os industriais brasileiros continuam investindo nos setores tradicionais (tecido, móveis, alimentos, roupas e construção civil) e as multinacionais entram no Brasil, pela primeira vez, para a produção de bens de consumo. (Castro, 2013)

Isso gerou a modernização da indústria, mas também acarretou empréstimos usados para a execução do plano que culminaram no endividamento internacional. Também refletiu na dependência tecnológica e no êxodo rural. E para estimular a instalação de empresas estrangeiras no Brasil, Castro (2013) explica que, em 14 de agosto de 1957, foi promulgada a Lei de Tarifas Aduaneiras, que:

> introduz em nosso sistema aduaneiro a tarifa *ad valorem*, de acordo com a Nomenclatura Aduaneira de Bruxelas, e concede elevação das tarifas para proteção das indústrias nascentes.

Para operar esse sistema, foi criado o Conselho de Política Aduaneira (CPA). Nesse sentido, aduz Castro (2013) que foi viabilizada a proteção pela tarifa *ad valorem*, ou seja, específica.

Entretanto, Castro (2013) elucida que, até os anos 1960, o café ainda compunha 60% do valor exportado pelo Brasil e, mesmo que o PIB tenha crescido uma média 8,1% ao ano durante o período 1955 a 1960, houve queda das exportações.

Nesse cenário, referido autor também explica que foi criado o Conselho Nacional do Comércio Exterior entre os anos de 1960 e 1980, o qual tornou compulsório o registro de exportador para controlar quem exportava e incentivar o financiamento a essa atividade. Estimulou-se, desse modo, a substituição de importações para incentivar as novas indústrias nacionais.

Nos anos 1980, a economia do mundo foi afetada pela crise do petróleo, o que gerou altas taxas de inflação e baixas taxas de crescimento econômico, refletindo principalmente no Brasil.

Assim, no fim do século XX, como esclarece Castro (2013), foi assinado o Tratado de Assunção, que deu origem ao Mercosul, composto, na época, por Argentina, Uruguai, Paraguai e Brasil.

Com isso, o Brasil optou por incentivar o comércio e, para tanto, reduziu tarifas de importação, cria incentivos e financiamentos para a exportação.

Nesse encadeamento, a primeira década do século XXI distingue-se pela globalização e pelo neoliberalismo. Também pelos temas tratados na agenda global:

> revisão da ordem internacional; governança global; remodelagem da necessidade do desarmamento nuclear, face inclusive aos novos desafios colocados pelo risco do

uso dessa tecnologia por terroristas internacionais; desenvolvimento econômico autossustentável; proteção ao meio ambiente; segurança global e suas múltiplas facetas, a exemplo da segurança energética, mudanças climáticas, biodiversidade e impacto das novas tecnologias, dentre outras. (Castro, 2013)

De acordo com Castro (2013), isso fez com que o país se desenvolvesse e crescesse no cenário mundial de exportação, trazendo o PIB a melhores níveis, tendo maior participação na Organização Mundial do Comércio (OMC) e, ainda, ganhando respeito mundial.

Nessa senda, o CTN dispõe sobre o comércio exterior nos arts. 19 a 28. Ainda, a CF/1988 prevê dois impostos que têm incidência sobre o comércio exterior: o Imposto de Importação e o Imposto de Exportação, que são de competência exclusiva da União e sobre os quais se aprofundará em item específico mais adiante.

Segundo Portella (2018), em razão de seu caráter extrafiscal, esses impostos são exceções aos princípios da anterioridade, nonagesimal e da legalidade, já estudados em capítulos anteriores. São eles também impostos que não necessitam de lei para serem alterados, podendo essa alteração ser feita por meio de decreto.

Portella (2018, p. 133) também aduz que são todos impostos de aplicação imediata: "Uma vez criados ou majorados, podem incidir a partir da publicação da norma".

Outro ponto importante é que podem ser "cumulativos", ou seja, a incidência de determinado imposto sobre o produto não tira dele o direito de incidir também sobre outros aspectos. Por exemplo:

> A incidência do II pode ser cumulada com outros impostos sobre o consumo, seja ele o ICMS, o IPI ou o ISS. Com efeito, a importação de uma mercadoria, por exemplo, que se enquadre também na condição de produto industrializado, deverá, em regra, sofrer a incidência do II, do ICMS e do IPI, sem que se possa alegar a existência de bis in idem neste caso. (Portella, 2018, p. 133)

O fato gerador desses impostos é a entrada ou a saída de um bem ou serviço dentro do território brasileiro. Essa entrada deve ser tanto física quanto jurídica, não importando que a mercadoria circule no país, mas deve essa circulação ter a finalidade de incorporação do bem de contribuinte no Brasil.

Sobre esse raciocínio, o mesmo ocorre quando se envia uma mercadoria do Brasil para fora:

> É necessário que a remessa se dê com o ânimo definitivo. Um bem que é remetido ao exterior apenas para exposição em uma feira internacional, e posterior retorno ao Brasil, não pode ser submetido à incidência do IE, tendo em vista que a saída, nesta hipótese, teria sido meramente física, sem a sua incorporação ao patrimônio de estrangeiro fora do país. (Portella, 2018, p. 134)

Além disso, o autor aduz que o Imposto de Importação será, de igual modo, objeto de incidência: "a arrematação de bem importado, apreendido e levado a leilão pela Fazenda Pública" (Portella, 2018, p. 134).

No entanto, Portella (2018) adverte que a legislação não prevê como regramento a incidência do Imposto de Exportação, mas sim o contrário, pois objetiva-se a não oneração das exportações para incitar a atividade econômica empresarial nacional.

Então, a incidência de impostos é estratégica, com fins de desconvencer que o produto ou serviço seja enviado ao exterior, como podemos notar a seguir:

> Seria o caso, por exemplo, da cobrança do imposto sobre a exportação de minério de ferro em estado bruto, como medida para estimular o beneficiamento dessa matéria-prima, de forma que venha a ser vendida com um valor agregado maior. (Portella, 2018, p. 134)

Assim, o objetivo do imposto é valorizar o produto brasileiro no exterior e aumentar o lucro para o país.

Quanto à definição de fato gerador, Portella (2018) esclarece que são dois os momentos de ocorrência. O primeiro é a constatação da importação ou da exportação, ou seja, tanto para o Imposto de Exportação quanto para o Imposto de Importação, ao se constatar a entrada ou saída da mercadoria, pode-se exigir o pagamento do tributo no pagamento da contratação.

No entanto, para fins legais, o fato gerador ocorre quando há o desenvolvimento aduaneiro, ou seja, a liberação de bens na alfândega.

Com exceção de bens levados a leilão: "No caso de aquisição de bem apreendido e levado a leilão, a incidência se dá no momento da arrematação, assim considerado o instante em que se declara o lance vencedor" (Portella, 2018, p. 134).

> **O QUE É?**
>
> *Leilão* é vender publicamente objetos sob o pregão de um leiloeiro. Nesse tipo de evento, aquele que oferece maior valor pelo bem o arremata.

Na questão de espaço, os impostos sobre comércio têm incidência sobre todo território nacional.

Como salientamos anteriormente, o sujeito ativo da cobrança tanto do Imposto de Importação quanto do Imposto de Exportação é a União, que o fará por meio da Receita Federal do Brasil e da Procuradoria da Fazenda Nacional.

Já os sujeitos passivos do Imposto de Importação são o importador e o arrematante. No caso do Imposto de Exportação, é o exportador. O arrematante de bem apreendido que tenha sido levado à leilão também é considerado sujeito passivo. Contudo, Portella (2018, p. 135) faz uma ressalva:

> Importante notar que as trading, empresas especializadas na prestação dos serviços que viabilizam a importação e exportação, não são contribuintes do IE nem do II. Contribuintes são os contratantes das trading. Tais empresas apenas intermedeiam as operações de importação e exportação e, pela prestação de tal serviço, podem ser obrigadas a pagar o ISS, não do II, nem do IE.

De tal análise, constatamos que não são as empresas que fazem os pagamentos desses tributos, mas seus contratantes, sendo aquelas apenas o intermédio de tais vias. Porém, por serem essas empresas prestadoras de serviços, outros impostos serão cobrados delas.

As *trading*, muito embora não se enquadrem como contribuintes de Imposto de Importação e Exportação, podem ser obrigadas a tal quando estiverem na condição de responsáveis.

Os responsáveis de fato pelo pagamento dos impostos sobre o comércio exterior são: "o transportador e o possuidor de bem importado desacompanhado da documentação comprobatória de pagamento do imposto" (Portella, 2018, p. 135).

A base de cálculo dos impostos, segundo Portella (2018), é o preço normal que o produto ou similar poderia alcançar durante uma venda (dentro ou fora do país), em condições de livre concorrência, seja na entrega portuária, seja na entrada ou na saída do produto do país.

O autor ainda explana que, nos casos de produtos que são levados à leilão por abandono ou apreensão, estima-se a base de cálculo pelo preço que a mercadoria foi arrematada.

Nesse sentido, Portella (2018) complementa que os preços serão todos em moeda nacional corrente, então, o que estiver com valor atribuído em moeda estrangeira será convertido, sendo utilizada a taxa de câmbio da data de ocorrência do fato gerador.

Já as alíquotas variam e podem sofrer alterações por meio de decreto, desde que respeitem devidamente os limites legais.

4.4 Tributos que incidem no comércio exterior

Embora diversos impostos tenham alguma incidência sobre o comércio exterior, neste estudo analisaremos os dois principais: o Imposto de Exportação (IE) e o Imposto de Importação (II). Como já citado anteriormente, a CF/1988 impõe dois impostos para o Comércio Exterior: o IE e o II. Essa previsão legal está disposta no art. 153:

> Art. 153. Compete à União instituir impostos sobre:
> I – importação de produtos estrangeiros;
> II – exportação, para o exterior, de produtos nacionais ou nacionalizados;
> [...]
> § 1º É facultado ao Poder Executivo, atendidas as condições e os limites estabelecidos em lei, alterar as alíquotas dos impostos enumerados nos incisos I, II, IV e V. (Brasil, 1988)

Também já foi visto que a alteração das alíquotas é facultada ao Poder Executivo, atendidas as predisposições legais conforme o parágrafo 1º do mesmo artigo.

No mesmo sentido, o CTN estabelece o fato gerador e o momento em que este ocorre, os sujeitos ativo e passivo, a alteração de alíquotas e os valores dos referidos impostos.

Os Impostos sobre Importação estão contidos nos arts. 19 ao 22, Seção I, do CTN, bem como nos respectivos incisos. E o Imposto sobre Exportação está previsto nos arts. 23 ao 28, Seção II, também do CTN.

Sobre o primeiro imposto, o art. 19 deixa clara a competência da União e registra que o fato gerador será a entrada da mercadoria no território nacional.

Quanto à base de cálculo:

> Art. 20. A base de cálculo do imposto é:
> I – quando a alíquota seja específica, a unidade de medida adotada pela lei tributária;
> II – quando a alíquota seja ad valorem, o preço normal que o produto, ou seu similar, alcançaria, ao tempo da importação, em uma venda em condições de livre concorrência, para entrega no porto ou lugar de entrada do produto no País;
> III – quando se trate de produto apreendido ou abandonado, levado a leilão, o preço da arrematação. (Brasil, 1966)

Nesse sentido, a base de cálculos sofre alterações quanto à estirpe da alíquota e quanto aos produtos que são levados à leilão, não sendo um valor homogêneo.

O CTN também faz menção aos limites legais existentes para alteração das alíquotas, conforme já mencionado anteriormente: "Art. 21. O Poder Executivo pode, nas condições e nos limites estabelecidos em lei, alterar as alíquotas ou as bases de cálculo do imposto, a fim de ajustá-lo aos objetivos da política cambial e do comércio exterior" (Brasil, 1966).

Na sequência, o art. 22 do mesmo código dispõe sobre os sujeitos passivos do comércio exterior, os quais também já foram estudados em item anterior, e são: "I–o importador ou quem a lei a ele equiparar; II–o arrematante de produtos apreendidos ou abandonados" (Brasil, 1966).

PERGUNTAS & RESPOSTAS

Você sabia que o contribuinte, nesse caso, pode ser pessoa física ou jurídica?

O sujeito passivo será o importador, seja pessoa física, seja pessoa jurídica, além do destinatário da remessa postal internacional.

Com esse último artigo findam-se as disposições sobre o Imposto de Importação.

Logo na continuação, o art. 23 indica a competência da União para o Imposto de Exportação e impõe como fato gerador a saída da mercadoria do território nacional.

Ademais, sobre a base de cálculo o CTN dispõe o seguinte:

> Art. 24. A base de cálculo do imposto é:
> I – quando a alíquota seja específica, a unidade de medida adotada pela lei tributária;
> II – quando a alíquota seja ad valorem, o preço normal que o produto, ou seu similar, alcançaria, ao tempo da exportação, em uma venda em condições de livre concorrência.
> Parágrafo único. Para os efeitos do inciso II, considera-se a entrega como efetuada no porto ou lugar da saída do produto, deduzidos os tributos diretamente incidentes sobre a operação de exportação e, nas vendas efetuadas a prazo superior aos correntes no mercado internacional o custo do financiamento. (Brasil, 1966)

Isso significa que essa base de cálculo também sofre variações quanto à estirpe da alíquota, variando, inclusive, quanto ao valor que se pode alcançar em uma venda de livre concorrência. No entanto, a diferença para o Imposto de Importação é que o parágrafo único define prazos de dedução dos tributos.

Na sequência, o art. 25 estabelece os critérios para a base de cálculo: "A lei pode adotar como base de cálculo a parcela do valor ou do preço, referidos no artigo anterior, excedente de valor básico, fixado de acordo com os critérios e dentro dos limites por ela estabelecidos" (Brasil, 1966).

Também são estabelecidas as condições de alteração das alíquotas, que como já foi explicado anteriormente, podem ser modificadas por meio de decreto, então: "Art. 26. O Poder Executivo pode, nas condições e nos limites estabelecidos em lei, alterar as alíquotas ou as bases de cálculo do imposto, a fim de ajustá-los aos objetivos da política cambial e do comércio exterior" (Brasil, 1966).

Logo adiante, o sujeito passivo está previsto no art. 27 do CTN, que dispõe que o "Contribuinte do imposto é o exportador ou quem a lei a ele equiparar" (Brasil, 1966).

Por fim, o art. 28 esclarece a que se destina a receita líquida desse imposto, estabelecendo que ela será usada para formação de reservas monetárias, na forma da lei.

Embora a CF/1988 relacione esses dois impostos de maneira mais explícita a esse trâmite, o Imposto sobre Produtos Industrializados (IPI) tem relação com o comércio exterior, dada sua natureza. Ele está previsto nos arts. 46 a 51, capítulo IV, Impostos sobre a Produção e a Circulação, Seção I, do CTN.

Sobre esse imposto, elucida Castro (2013) que a legislação infraconstitucional pode tratar de forma mais ampla os principais aspectos que se referem ao comércio exterior.

Então, a legislação aduaneira servirá também como orientação, lembrando que os Impostos sobre Exportação e os Impostos sobre Importação encontram respaldo no Regimento Aduaneiro, o qual trata de fato gerador, alíquotas, bases de cálculo, entre outros aspectos.

No que se refere à legislação supracitada, Castro (2013) traz à baila a reflexão de que os tributos não são criados pelo Regulamento Aduaneiro, mas, como já destacado nesta obra, só podem ser estabelecidos por lei.

Contudo, o Regulamento Aduaneiro foi instituído para que se consolidassem normas originárias de várias leis e decretos esparsos, os quais legislavam sobre diversos tributos incidentes sobre o mercado exterior.

Inicialmente, inferimos que não atende ao princípio da anterioridade nem legalidade relativo às alíquotas, tal qual o Imposto sobre Importação e o Imposto sobre Exportação.

O fato gerador está disposto no art. 46 do CTN:

> Art. 46. O imposto, de competência da União, sobre produtos industrializados tem como fato gerador:
> I – o seu desembaraço aduaneiro, quando de procedência estrangeira;
> II – a sua saída dos estabelecimentos a que se refere o parágrafo único do artigo 51;
> III – a sua arrematação, quando apreendido ou abandonado e levado a leilão.
> Parágrafo único. Para os efeitos deste imposto, considera-se industrializado o produto que tenha sido submetido a qualquer operação que lhe modifique a natureza ou a finalidade, ou o aperfeiçoe para o consumo. (Brasil, 1966)

Observamos que o significado de *produto industrializado* para esses fins está disposto no parágrafo único.

Consta, ainda, a descrição de fato gerador e do que não se considera como tal no art. 238 do Regulamento Aduaneiro:

> Art. 238. O fato gerador do imposto, na importação, é o desembaraço aduaneiro de produto de procedência estrangeira
>
> § 1º Para efeito do disposto no caput, considera-se ocorrido o desembaraço aduaneiro da mercadoria que constar como importada e cujo extravio tenha sido verificado pela autoridade aduaneira, inclusive na hipótese de mercadoria sob regime suspensivo de tributação.
>
> § 2º Não constitui fato gerador do imposto o desembaraço aduaneiro de produtos nacionais que retornem ao País:
>
> I – nas hipóteses previstas nos incisos I a V do art. 70; e
>
> II – aos quais tenha sido aplicado o regime aduaneiro especial de exportação temporária, ainda que descumprido o regime.
>
> § 3º As diferenças percentuais de mercadoria a granel, apuradas na verificação da mercadoria, no curso do despacho aduaneiro, não serão consideradas para efeitos de exigência do imposto, até o limite de um por cento
>
> § 4º Na hipótese de diferença percentual superior à fixada no § 3º, será exigido o imposto somente em relação ao que exceder a um por cento. (Brasil, 2009)

Sobre essa descrição, Castro (2013) salienta que não há incidência desse imposto sobre produtos destinados ao exterior, à luz do art. 153, parágrafo 3º, inciso III, da CF/1988, o que o autor considera uma suposta imunidade concedida pela Carta Magna.

Ainda sobre as alíquotas, Castro (2013) explica que estas estão definidas na Tabela de Incidência do ipi, a qual foi aprovada atualmente pelo Decreto n. 10.523/2020.

Já a base de cálculo, segundo o art. 47 do ctn, é:

> i – no caso do inciso i do artigo anterior, o preço normal, como definido no inciso ii do artigo 20, acrescido do montante:
>
> a) do imposto sobre a importação;
>
> b) das taxas exigidas para entrada do produto no País;
>
> c) dos encargos cambiais efetivamente pagos pelo importador ou dele exigíveis;
>
> ii – no caso do inciso ii do artigo anterior:
>
> a) o valor da operação de que decorrer a saída da mercadoria;
>
> b) na falta do valor a que se refere a alínea anterior, o preço corrente da mercadoria, ou sua similar, no mercado atacadista da praça do remetente;
>
> iii – no caso do inciso iii do artigo anterior, o preço da arrematação. (Brasil, 1966)

O art. 20 ao qual se refere o inciso i é o seguinte:

> Art. 20. A base de cálculo do imposto é:
>
> i – quando a alíquota seja específica, a unidade de medida adotada pela lei tributária;
>
> ii – quando a alíquota seja ad valorem, o preço normal que o produto, ou seu similar, alcançaria, ao tempo da importação, em uma venda em condições de livre concorrência,

para entrega no porto ou lugar de entrada do produto no País;

III – quando se trate de produto apreendido ou abandonado, levado a leilão, o preço da arrematação. (Brasil, 1966)

Essa base de cálculo também está disposta no Regulamento Aduaneiro, mais precisamente no art. 239, que estabelece:

> Art. 239. A base de cálculo do imposto, na importação, é o valor que servir ou que serviria de base para cálculo do imposto de importação, por ocasião do despacho aduaneiro, acrescido do montante desse imposto e dos **encargos cambiais** efetivamente pagos pelo importador ou dele exigíveis.
> § 1º O disposto no caput não se aplica para o cálculo do imposto incidente na importação de:
> I – produtos sujeitos ao regime de tributação especial previsto na Lei no 7.798, de 10 de julho de 1989, cuja base de cálculo será apurada em conformidade com as regras estabelecidas para o produto nacional; e
> II – cigarros classificados no código 2402.20.00 da Nomenclatura Comum do Mercosul, cuja base de cálculo será apurada em conformidade com as regras estabelecidas para o produto
> § 2º – Os produtos referidos nos incisos I e II do § 1º estão sujeitos ao pagamento do imposto somente por ocasião do registro da declaração de importação. (Brasil, 2009, grifo nosso)

De acordo com Castro (2013), não devemos confundir os encargos cambiais previstos nesse artigo com os tributos e os valores que são pagos na contratação e na liquidação do contrato de câmbio. O autor lembra que os encargos cambiais, antigamente, eram uma medida protecionista, mas atualmente não existem mais.

Ainda, o sujeito passivo está definido no art. 241 do Decreto n. 6.759/ 2009: "É contribuinte do imposto, na importação, o importador, em relação ao fato gerador decorrente do desembaraço aduaneiro" (Brasil, 2009a). Esse imposto é seletivo em razão da essencialidade, à luz do art. 48 do CTN.

Já o lançamento, segundo Castro (2013), é feito por homologação, nos ditames do art. 150 do CTN:

> Art. 150. O lançamento por homologação, que ocorre quanto aos tributos cuja legislação atribua ao sujeito passivo o dever de antecipar o pagamento sem prévio exame da autoridade administrativa, opera-se pelo ato em que a referida autoridade, tomando conhecimento da atividade assim exercida pelo obrigado, expressamente a homologa. (Brasil, 1966)

No entanto, o autor ressalta que o IPI também pode ser lançado de ofício. Isso acontece se:

> o contribuinte não apresentar, nas épocas próprias, as informações a que está legalmente obrigado, dando conta da apuração, por ele efetuada, dos valores devidos. Caso apresente as informações regularmente, mas não faz o pagamento, a autoridade pode homologar a atividade apuratória e notificar o contribuinte a fazer o pagamento do imposto acrescido da multa moratória e dos juros. (Castro, 2013)

Por último, o art. 49 do CTN dispõe que o referido imposto não é cumulativo e que o montante devido deve ser resultado da diferença a maior, em determinado período, entre o imposto referente aos produtos saídos do estabelecimento e o pago relativamente aos produtos nele entrados. O parágrafo único do mesmo dispositivo ainda prevê: "O saldo verificado, em determinado período, em favor do contribuinte transfere-se para o período ou períodos seguintes" (Brasil, 1966).

O CTN, em seu art. 139, define que o crédito tributário decorre da obrigação principal. O crédito tributário refere-se à prestação por meio da qual se possa demonstrar que o sujeito ativo dessa obrigação pode exigi-la do sujeito passivo (Portal Tributário, 2021).

Os sujeitos ativos dessa relação são a União, os estados, o Distrito Federal e os municípios, e os sujeitos passivos diretos ou indiretos são os contribuintes, os responsáveis ou os terceiros.

Os impostos contemplados pelo crédito tributário são o Imposto sobre Circulação de Mercadoria e Serviços (ICMS), o Imposto sobre Produtos Industrializados (IPI), a contribuição ao Programa de Integração Social (PIS) e a Contribuição para o Financiamento da Seguridade Social (Cofins) (CHC Advocacia, 2018).

No mesmo sentido, buscamos a definição de valor aduaneiro. Conforme a Receita Federal (2021), o valor aduaneiro trata-se da base de cálculo do imposto de importação. Esse valor é auferido segundo o Acordo Sobre a Implementação do art. VII do GATT, o qual está previsto no Decreto n. 4.543/2002.

Esse instrumento serve para regularizar e estabelecer formas de auferir o valor aduaneiro das mercadorias importadas, determinando que, no caso de impossibilidade de o cálculo ser feito nesses moldes, deve seguir o método seguinte especificado em lei até encontrar o que consiga mensurar esse valor. O Imposto de Importação é calculado com a aplicação das alíquotas que são tabeladas pelo Mercosul sobre o valor aduaneiro.

EXERCÍCIO RESOLVIDO

Tendo em vista que o Imposto de Importação é um tributo alfandegário nacional, que basicamente regulamenta tudo o que circula dentro do país (produto ou serviço nacional nacionalizado), cuja competência pertence somente à União e que também cabe apenas a esse ente federativo cobrá-lo, assinale a alternativa que descreve corretamente o momento em que ocorre o fato gerador desse imposto:

a) No momento da saída de produtos e/ou serviços do território nacional.
b) No momento da aquisição da disponibilidade econômica ou jurídica de renda.
c) No momento da prestação do serviço de transporte, por qualquer via, de pessoas, bens, mercadorias ou valores, salvo quando o trajeto se contenha inteiramente no território de um mesmo município.
d) No momento da entrada de produtos e/ou serviços no território nacional.

Gabarito: D

Feedback do exercício: De acordo com o *caput* do art. 19 do CTN, os impostos sobre importação têm como fato gerador a entrada de produtos ou serviços no território nacional.

Também são tributos que incidem sobre o comércio exterior o PIS/PASEP e a Cofins, dispostos no art. 195, inciso I, alínea "b", e inciso IV, da CF/1988.

Nesse caso, o fato gerador será a entrada no país, e o sujeito passivo é o importador, independentemente se pessoa jurídica ou física.

A base de cálculo e a alíquota estão dispostas no Regimento Aduaneiro e na tabela de Tarifa Externa Comum.

4.5 Identificação dos tributos no comércio exterior

Os principais impostos abordados neste estudo mostram que o Imposto de Importação incide sobre toda mercadoria estrangeira, considerada também como estrangeira a mercadoria nacional ou nacionalizada que retorne ao país.

Sua função é o controle da balança comercial no país por meio do aumento de suas alíquotas (além de arrecadação). Já o Imposto de Exportação incide sobre as mercadorias nacionais ou nacionalizadas que se destinem ao exterior. Funciona como instrumento da União para fiscalizar o comércio exterior.

Por sua vez, o IPI tem incidência sobre todos os produtos que tenham alíquota, mesmo que esta seja zero (produto não tributado). E, ainda, sobre toda mercadoria industrializada proveniente do exterior.

Finalmente, o PIS/PASEP e a Cofins têm incidência sobre as empresas que se destinam à seguridade social. Ocorre também que, na importação, esse imposto incidirá sobre os produtos que forem provenientes do exterior.

O Imposto sobre Circulação de Mercadorias e Serviços (ICMS), não tão abarcado neste estudo especificamente, tem incidência sobre operações de circulação de mercadorias e também sobre a prestações de serviços de transporte interestadual e intermunicipal e de comunicação. Sua incidência ainda recai sobre bens e mercadorias importadas que tenham vindo do exterior trazidas por pessoas físicas ou jurídicas independentemente da finalidade.

EXERCÍCIO RESOLVIDO

O fato gerador demarca juridicamente o início de uma obrigação jurídica de prestação de determinado tributo. Assinale a alternativa em que corretamente estejam descritos os dispositivos legais que contemplam a base de cálculo dos Impostos sobre Exportação e dos Impostos sobre Importação:

a) CTN somente.
b) CTN e Regimento Aduaneiro.
c) Regimento Aduaneiro somente.
d) CF/1988 somente.

> Gabarito: B
> *Feedback* do exercício: Embora os fatos geradores dos impostos citados estejam elencados no art. 19 (Impostos sobre Importação) e no art. 23 (Impostos sobre Exportação) do CTN, e que a base de cálculo deles esteja

respectivamente disposta nos arts. 20 e 23, o Regimento Aduaneiro tem capítulos próprios que discorrem sobre cada item e elucidam sua aplicação.

Finalizamos com o Imposto sobre Operações Financeiras (IOF), que basicamente incide sobre operações de câmbio.

SÍNTESE

› A tributação no comércio exterior é compreendida nas relações comerciais como o método primeiro que define o valor aduaneiro nas transações.
› O comércio exterior brasileiro engloba as trocas de bens e serviços entre o Brasil e outros países e também deles com nosso país.
› Comércio exterior compreende o comércio que um país tem com o resto do mundo, o que pode estar relacionado a contratos diversos (compra, venda e prestações de serviços). Já o comércio internacional é mais amplo, relacionando-se com o comércio mundial e seguindo as diretrizes do direito internacional público.
› A Receita Federal é um órgão específico cuja função é administrar as atividades fiscalizadoras, lançar crédito e cobrá-lo, bem como ajuizar em primeira instância de processos fiscais.
› O processo de formação do comércio exterior no Brasil teve início com a vinda da família portuguesa para o país, em 1807, quando tentavam escapar da ascendência de Napoleão nos países europeus.

› A Lei de Tarifas Aduaneiras foi sancionada em 14 de agosto de 1957 com intuito de estimular a instalação de empresas estrangeiras no país.
› O Mercosul foi criado no final do século XX por meio da assinatura do Tratado de Assunção.
› Os Impostos sobre Importação estão dispostos dos arts. 19 a 22, mais precisamente na Seção I, do CTN.
› Já os Impostos sobre Exportação estão previstos nos arts. 23 a 28, Seção II, do CTN.
› O IPI encontra disciplina nos arts. 46 a 51, Capítulo IV, mais precisamente no título Impostos sobre a Produção e a Circulação, Seção I, do CTN, além de estar previsto na legislação adunaneira.

5
Planejamento tributário

Empresas e seus empresários, no momento da pandemia de covid-19, buscam alternativas para sobreviver às crises geradas, e o planejamento tributário é uma alternativa.

Para tanto, é preciso compreender o conceito de planejamento tributário e sua importância para a sobrevivência da empresa. O trabalho com o planejamento tributário transcende a busca por fórmulas prontas, devendo-se conhecer profundamente a empresa e estudar as oportunidades legislativas, os incentivos fiscais e as hipóteses para cada caso.

Isso denota que o administrador-financeiro deve ter certa destreza sobre os assuntos tributários da empresa, bem como conhecê-la e ao seu produto ou serviço, para poder aplicar a melhor estratégia possível na redução ou na extinção de impostos, com fins de economia.

Nesse caso, trata-se de uma alternativa para não depender somente do Poder Judiciário para o desenvolvimento de ações que auxiliem as empresas no pagamento de tributos. Em consequência, cria-se a possibilidade de retorno financeiro mais célere, por meio da realização das consultorias tributárias.

5.1 Considerações iniciais

Para iniciar, é importante relembrar que tributo é uma prestação pecuniária, instituído por lei, compulsória, em moeda ou cujo valor nela se possa exprimir, não sendo sanção de ato ilícito, cobrado mediante atividade administrativa plenamente vinculada (Castro, 2013).

O planejamento tributário de uma empresa relaciona-se com a melhora legal de pagamentos de tributos, com vistas a que a empresa gaste menos com essa despesa. Os colaboradores da área administrativa-financeira de uma empresa buscam enquadramento, competência, alíquotas, prazos de recolhimento ou pagamentos de obrigações acessórias mais favoráveis, contribuindo, assim, para o planejamento tributário da empresa e a maximização dos lucros.

Os colaboradores da área administrativa-financeira de uma empresa devem buscar conhecer os tipos de tributos existentes e compreender como calculá-los; entender estratégias e a legislação de forma a reduzir ao máximo os riscos e a carga tributária da empresa dentro dos limites da estrita legalidade tributária e, para tanto, desenvolver o raciocínio estratégico quanto aos tributos.

Quando se trata do planejamento tributário, é importante verificar a elisão e a evasão fiscal. As definições de elisão e evasão fiscal não são unânimes na doutrina.

5.2 Evasão e elisão

Segundo Moreira (2003), compreende-se como elisão fiscal o uso de meios lícitos, antecedentes à incidência tributária, para que se consiga economia de tributos, o que pode acontecer ao impedir-se a ocorrência do fato gerador, ou afastando-se o contribuinte da esfera de alcance da norma tributária, ou simplesmente reduzindo-se a quantia de tributo a ser paga.

Entretanto, a evasão representa o ato, que ocorre ao mesmo tempo ou após a incidência do tributo, usando de meios não condizentes com a lei, como, por exemplo, a fraude ou a sonegação, entre outros, para furtar-se da tributação.

A doutrina diferencia os termos *elisão* e *evasão* de duas maneiras diferentes: critério da cronologia e da licitude dos meios usados.

Quanto ao primeiro critério mencionado, significa dizer que a elisão sempre será um ato praticado antes da realização da incidência tributária. Já a evasão, diferentemente, ocorre ao mesmo tempo da ocorrência do fato gerador ou depois.

PARA SABER MAIS

O artigo "Elisão", de Eduardo Marcial Ferreira Jardim, aborda aspectos conceituais e doutrinários da questão da elisão fiscal trazendo uma visão acadêmica sobre o assunto. Para saber mais sobre o assunto, é só acessar o *link*: <https://enciclopediajuridica.pucsp.br/verbete/309/edicao-1/elisao>. Acesso em: 22 jul. 2021.

Ainda, sobre esse critério, Castro (2002) aduz que ele foi introduzido no país por Rubens Gomes de Souza, que o teria descrito da seguinte maneira:

> O único critério seguro (para distinguir a fraude da elisão) é verificar se os atos praticados pelo contribuinte para evitar, retardar ou reduzir o pagamento de um tributo foram praticados antes ou depois da ocorrência do respectivo fato gerador: na primeira hipótese, trata-se de elisão; na segunda trata-se de fraude fiscal. (Coelho, 1998, p. 174, citado por Castro, 2002, p. 2)

Nesse diapasão, o Estado só tem o direito de cobrar do contribuinte após a ocorrência do fato gerador. Então, se evitada a realização desse fato, não poderá ser cobrado o tributo, pois atos legais foram praticados para furtar-se a esse.

Diferentemente da evasão, na elisão jamais se entrou na obrigação de prestar tributos. Já nesta segunda, a ideia é desobrigar-se usando de meios ilícitos após já haver obrigação.

Mas existem exceções, ou seja, hipóteses em que a evasão ocorre antes do fato gerador. Castro (2002, p. 2) denota uma hipótese: "O caso clássico do comerciante que emite notas fiscais adulteradas e somente após promove a saída da mercadoria de seu estabelecimento".

Com a finalidade de evitar-se a ocorrência da situação descrita, a doutrina considera o segundo critério.

A licitude dos meios utilizados, em conjunto com o primeiro critério, precisa verificar se os atos praticados pelo contribuinte para elidir estão de acordo com a lei. Lembramos que, na elisão, todos os meios utilizados são legais, e na evasão, não.

Não é ilícita a atitude de buscar economia de impostos, mas não pode haver vedação legal para tanto. A utilização dos dois critérios é que gera a distinção entre ambos os termos:

> Tanto na evasão comissiva ilícita como na elisão fiscal existe uma ação do contribuinte, intencional, com o objetivo de não pagar ou pagar tributo a menor. As diferencia: (a) a natureza dos meios empregados. Na evasão ilícita os meios são sempre ilícitos (haverá fraude ou simulação de fato, documento ou ato jurídico. Quando mais de um agente participar dar-se-á o conluio). Na elisão os meios

são sempre lícitos porque não vedados pelo legislador; (b) também, o momento da utilização desses meios. Na evasão ilícita a distorção da realidade ocorre no momento em que ocorre o fato jurígeno-tributário (fato gerador) ou após sua ocorrência. Na elisão, a utilização dos meios ocorre antes da realização do fato jurígeno-tributário, ou como aventa Sampaio Dória, antes que se exteriorize a hipótese de incidência tributária, pois, opcionalmente, o negócio revestirá a forma jurídica alternativa não descrita na lei como pressuposto de incidência ou pelo menos revestirá a forma menos onerosa. (Coelho, 1998, p. 174, citado por Castro, 2002, p. 4)

Portanto, não é o fato de haver atitude do contribuinte para reduzir ou desobrigar-se dos impostos, mas o tipo de atitude e o momento em que este se vale desta que diferencia uma ação da outra.

Existem certas práticas que, segundo Castro (2003, p. 4-5), caracterizam a evasão fiscal:

> - Sonegação: ocultação (de rendimentos na declaração de imposto de renda, verbi gratia) que leva ao pagamento de tributo a menor.
> - Fraude: do latim fraudis (má-fé, engano), corresponde a atos tais como adulteração ou falsificação de documentos, através dos quais o contribuinte furta-se ao pagamento de tributo devido por lei.
> - Simulação: pode ser absoluta (finge-se o que não existe) ou relativa (dissimulação: sob o ato ou negócio praticado jaz outro negócio, oculto, que corresponde à real vontade das partes).

Diante disso, trata-se de casos em que as autoridades administrativa e judiciária necessitam investigar, autuar, abrir inquéritos policiais e processos criminais, quando cabíveis. Isso é preciso, pois, os responsáveis devem ser punidos por lesar a Fazenda Pública por meios ilícitos.

Evidentemente, o fato de um cidadão burlar o fisco prejudica os demais cidadãos que pagam seus impostos em dia, e punindo esses infratores, faz-se valer, segundo Castro (2002), os princípios da isonomia e da capacidade contributiva.

A elisão, porém, não é um ato ilícito e tem amparo legal, podendo ocorrer das seguintes maneiras:

> Elisão induzida pela lei: o próprio ordenamento jurídico contém disposições no sentido de reduzir a tributação de empresas que atendam a certos requisitos, sendo estes, via de regra, exigidos em prol do interesse nacional ou regional. São os casos de isenções concedidas a empresas instaladas em regiões pouco desenvolvidas (v.g., Zona Franca de Manaus) (Castro, 2002, p. 6).

Então, nesse caso, se o contribuinte quiser meios legais para reduzir o valor de seus impostos ou, até mesmo, extinguir a obrigação (quando cabível), pode encontrar respaldo legal para fazê-lo.

No entanto, se verificar determinada lacuna na lei, o contribuinte também pode elidir. Nesse caso, aduz Castro (2002), que essa é a típica elisão, a qual o Fisco e alguns doutrinadores divergem bastante sobre sua aplicação. Entretanto, o empresário utiliza-se de falhas na lei para economizar com tributos, geralmente por meio dos negócios jurídicos indiretos, o que não se confunde com simulação.

No caso da simulação, o fim que se busca alcançar é diverso do ato que se simula.

Essa hipótese apresenta determinados fatos que devem ser mencionados com rigor, pois segundo Castro (2002), houve uma tentativa de introduzir no Código Tributário Nacional (CTN), de uma norma geral antielisiva, que daria ao Fisco autoridade para desconsiderar os atos dos contribuintes que buscassem a mera economia de impostos. Esse dispositivo encontra-se no parágrafo único do art. 116 do CTN:

> A autoridade administrativa poderá desconsiderar atos ou negócios jurídicos praticados com a finalidade de dissimular a ocorrência do fato gerador do tributo ou a natureza dos elementos constitutivos da obrigação tributária, observados os procedimentos a serem estabelecidos em lei ordinária. (Brasil, 1966)

No entanto, Castro (2002, p. 7) deixa claro que o Fisco "não possui o condão de autorizar o fisco a utilizar-se da denominada "interpretação econômica do direito tributário". Isso demonstra que existem limites ao planejamento tributário, como será mostrado a seguir.

EXERCÍCIO RESOLVIDO

O termo *evasão* se diferencia de *elisão*, sendo a segunda lícita, e a primeira, um meio de evitar ou reduzir o pagamento de tributos de maneira furtiva à lei, o que pode ensejar a aplicação de penalidades previstas no CTN. Sobre as práticas que caracterizam a evasão fiscal, assinale a alternativa que apresenta corretamente um meio de evasão:

a) Sonegação: ocultação que leva ao pagamento de tributo a menor.
b) Simulação: do latim *fraudis* (má-fé, engano), corresponde a atos tais como adulteração ou falsificação de documentos, por meio dos quais o contribuinte furta-se ao pagamento de tributo devido por lei.
c) Fraude: pode ser absoluta (finge-se o que não existe) ou relativa (dissimulação: sob o ato ou negócio praticado jaz outro negócio, oculto, que corresponde à real vontade das partes).
d) Sonegação: alteração que leva ao pagamento de tributo a maior.

> Gabarito: A
>
> *Feedback* do exercício: A sonegação consiste na ocultação de rendimentos na declaração de imposto de renda, *verbi gratia*, que leva ao pagamento de tributo a menor. Está prevista no art. 1º da Lei n. 4.729/1965 e seus respectivos incisos.

As formas de evasão, segundo Abrahão (2011), estão elencadas nos arts. 71, 72 e 73 da Lei n. 4.502, de 30 de novembro de 1964 (Brasil, 1964b), como será detalhado a seguir.

A **sonegação fiscal** ocorre pelo ocultamento do fato gerador por parte do contribuinte, com fins de deixar de pagar o devido tributo, sendo assim crime contra a ordem tributária. Trata-se de:

> É toda ação ou omissão dolosa tendente a impedir ou retardar, total ou parcialmente, o conhecimento por parte da autoridade fazendária: (1) da ocorrência do fato gerador da obrigação tributária principal, sua natureza ou circunstâncias materiais; (2) das condições pessoais do contribuinte, suscetíveis de afetar a obrigação tributária principal ou o crédito tributário correspondente. (Martins, 2006, p. 247, citado por Abrahão, 2011, p. 22)

Então, a ação dolosa que tenha por objetivo impedir, em parte ou no todo, a ocorrência do fato gerador é caracterizada como sonegação.

Havendo ainda omissão de informações, Abrahão (2011) lembra que gera reflexos na obrigação e na tributação, também incidindo no mesmo crime.

Conforme os ensinamentos de Souza (2018), os crimes contra a ordem tributária encontram-se previstos na Lei n. 8.137, de 27 de dezembro de 1990, que trata da supressão de tributos ou redução destes por meio ilícito, da não entrega de documentos obrigatórios, de falsas declarações, entre outras fraudes (Brasil, 1990). Um exemplo desse tipo de crime são as emissões falsas de notas fiscais nas compras e vendas, bem como a rasura e a destruição de documentos fiscais.

Quando uma situação assim é interceptada por um auditor fiscal que esteja em pleno exercício da função, ele apurará o crédito tributário que deveria ter sido pago pelo contribuinte, formalizando a representação fiscal com as devidas especificações e multas, e o contribuinte será notificado ao pagamento. Caso o pagamento seja efetuado, extingue-se a dívida; se o valor for parcelado, suspende-se o processo até a quitação total do débito. Se o pagamento não for feito e ou integralizado, o caso será enviado ao Ministério Público, que poderá oferecer a denúncia do crime contra a ordem tributária e, assim, iniciar a ação penal contra o contribuinte (Brasil, 1990).

Já **fraude** é qualquer crime ou ato ilegal que gere lucro para quem utiliza como método alguma ilusão contra a vítima.

Nesse crime, o contribuinte usa da falsificação de dados ou inserção de dados incorretos em documentos para não pagar ou pagar valor menor de tributos.

Abrahão (2011) cita um exemplo de fraude: quando se incluem, na declaração do Imposto de Renda, uma pessoa física ou alguns valores dedutíveis que jamais ocorreram, como certas despesas e dependentes, a fim de baixar o valor a ser pago com esse tributo.

Quanto ao **conluio**, aduz o art. 73 da Lei n. 4.502/1964: "é o ajuste doloso, ou seja, com intenção, que duas ou mais pessoas aturais ou jurídicas realizam visando a sonegação ou a fraude" (Brasil, 1964b).

Sobre esse crime recai a aplicação da lei e suas sanções, e para que ele ocorra, é necessária a vontade de duas ou mais pessoas em não informar determinado dado em um negócio jurídico. Isso constitui crime pelo seguinte motivo:

> As pessoas envolvidas em tal situação estão praticando um crime, pois conjuntamente estão enganando o fisco omitindo informações relevantes para a constituição do crédito tributário, com intenção de não pagar ou diminuir o valor do tributo. Na declaração do imposto de renda da pessoa que aluga um imóvel devem constar os valores e

para quem foi pago estes valores. Logicamente, na declaração da pessoa que recebe este aluguel deve constar o rendimento. Se os dois envolvidos omitirem esta informação, estão praticando o Conluio, portanto, sujeitos às penalidades cabíveis. (Abrahão, 2011, p. 24)

De acordo com Abrahão (2011), os principais tipos de sonegação são contra o Instituto Nacional do Seguro Social, seguido do Imposto sobre Circulação de Mercadorias e Serviços e do Imposto de Renda, destacando-se:

> Venda sem nota;
> venda com meia nota;
> venda com calçamento de nota; duplicidade na numeração da nota fiscal;
> Compra de notas fiscais;
> Passivo fictício ou saldo negativo de caixa;
> Acréscimo patrimonial a descoberto (do sócio);
> Deixar de recolher tributos descontados de terceiros;
> Saldo de caixa elevado;
> Distribuição disfarçada de lucros. (Abrahão, 2011, p. 25)

Ressaltamos que cabe, nesse caso, além da responsabilidade tributária, pedido de instauração do processo criminal, pois a sonegação foi caracterizada como crime contra a ordem tributária.

Como já foi visto, esse crime se perfaz no ato de:

> Omitir informação, ou prestar declaração falsa às autoridades fazendárias;

> Fraudar a fiscalização tributária, inserindo elementos inexatos, ou omitindo operação de qualquer natureza, em documento ou livro exigido pela lei fiscal;
> Falsificar ou alterar nota fiscal, fatura, duplicata, nota de venda, ou qualquer outro documento relativo à operação tributável; elaborar, distribuir, fornecer, emitir ou utilizar documento que saiba ou deva saber falso ou inexato;
> Negar ou deixar de fornecer, quando obrigatório, nota fiscal ou documento equivalente, relativa a venda de mercadoria ou prestação de serviço, efetivamente realizada, ou fornecê-la em desacordo com a legislação. (Abrahão, 2011, p. 25)

Além disso, há previsão de 6 (seis) meses a 2 (dois) anos de prisão para quem:

> I – fazer declaração falsa ou omitir declaração sobre rendas, bens ou fatos, ou empregar outra fraude, para eximir-se, total ou parcialmente, de pagamento de tributo;
> II – deixar de recolher, no prazo legal, valor de tributo ou de contribuição social, descontado ou cobrado, na qualidade de sujeito passivo de obrigação e que deveria recolher aos cofres públicos;
> III – exigir, pagar ou receber, para si ou para o contribuinte beneficiário, qualquer percentagem sobre a parcela dedutível ou deduzida de imposto ou de contribuição como incentivo fiscal;
> IV – deixar de aplicar, ou aplicar em desacordo com o estatuído, incentivo fiscal ou parcelas de imposto liberadas por órgão ou entidade de desenvolvimento;

v – utilizar ou divulgar programa de processamento de dados que permita ao sujeito passivo da obrigação tributária possuir informação contábil diversa daquela que é, por lei, fornecida à Fazenda Pública. (Brasil, 1990)

Essas condutas devem ser praticadas com dolo, ou seja, com intenção de obter o resultado e com plena consciência dos atos.

5.2.1 Limites do planejamento tributário

Delineadas as diferenças entre evasão e elisão, existem regras claras e objetivas de modo a discernir os dois termos.

Castro (2002) denota que, nas empresas, a economia de impostos é corriqueira no ramo empresarial. Inclusive, o planejamento tributário é mencionado como regra em determinadas situações, como ocorre nas sociedades anônimas:

> Art. 153. O administrador da companhia deve empregar, no exercício de suas funções, o cuidado e diligência que todo homem ativo e probo costuma empregar na administração dos seus próprios negócios. (Brasil, 1976)

E também:

> Art. 154. O administrador deve exercer as atribuições que a lei e o estatuto lhe conferem para lograr os fins e no interesse da companhia, satisfeitas as exigências do bem público e da função social da empresa. (Brasil, 1976)

Desse modo, o fato de uma empresa estruturar-se previamente com a finalidade de pagar menos impostos é um direito e também um dever dos administradores das sociedades anônimas, que precisam gerir com sabedoria o patrimônio empresarial.

Entretanto, mesmo que essas regras sejam evidentes, Castro (2002) esclarece que o limite entre uma conduta lícita e ilícita, nesse contexto, não é tão claro.

Assim, o planejamento tributário envolve poupar de forma lícita impostos. Segundo Torres (2001, citado por Castro, 2002), essa expressão significa uma técnica de organização que tem a função de prevenir e economizar no pagamento de impostos e taxas.

No entanto, esse planejamento jamais pode ser utilizado pelo Fisco como objeto de sanções, pois, somente a prática efetiva de tais atos planejados é que deve gerar alguma evasão de tributos.

Como podemos notar, Torres (2001, citado por Castro, 2002), essa busca pela economia dos tributos pode ocorrer de maneira lícita ou ilícita, recaindo sobre a elisão ou a evasão respectivamente. Então, quando forem concretizados tais atos, o Fisco deve estar no controle dessas operações para averiguar sua licitude, não se podendo cogitar que houve ilicitude antes de os atos terem sido cometidos de fato.

Mesmo assim, existem aqueles cujo pensamento é oposto, interpretando o direito sob uma ótica econômica, considerando atos e negócios jurídicos para contabilizar a tributação a respeito dos efeitos econômicos que estes produzam. Essa ideia preponderou na Alemanha nos tempos de Hitler, mas o Código Tributário Tedesco de 1977, que vigora atualmente, revogou essa regra, trocando-a pela do abuso de formas jurídicas.

No Brasil, a maioria dos doutrinadores afirma, com embasamentos legais, que é inaplicável a consideração econômica da lei tributária ao direito brasileiro.

Esse posicionamento fica evidente ao verificarmos o art. 5º, inciso II, da CF/1988 (que dispõe sobre o princípio da legalidade) e o art. 150, inciso I, do mesmo dispositivo (que dispõe sobre o princípio da reserva absoluta de lei formal, da estrita legalidade e da especificidade conceitual fechada):

> Art. 5º Todos são iguais perante a lei, sem distinção de qualquer natureza, garantindo-se aos brasileiros e aos estrangeiros residentes no País a inviolabilidade do direito à vida, à liberdade, à igualdade, à segurança e à propriedade, nos termos seguintes:
>
> [...]
>
> II – ninguém será obrigado a fazer ou deixar de fazer alguma coisa senão em virtude de lei; (Brasil, 1988)

Também:

> Art. 150. Sem prejuízo de outras garantias asseguradas ao contribuinte, é vedado à União, aos Estados, ao Distrito Federal e aos Municípios:
>
> I – exigir ou aumentar tributo sem lei que o estabeleça; (Brasil, 1988)

Dessa forma, não havendo a previsão legal de incidência de um tributo em razão de fato gerador, não se pode, em hipótese alguma, tributá-lo.

5.3 O Brasil e o planejamento tributário

No Brasil, a carga tributária é tão excessiva que pode tornar um negócio inviável para o empreendedor.

Então, o planejamento tributário é vital para manter as empresas, principalmente as sociedades anônimas, a salvo de altos tributos.

Figura 5.1: **Planejamento tributário**

Zadorozhnyi Viktor/Shutterstock

O planejamento financeiro denota conhecimento do administrador no setor financeiro da empresa, leis e estratégias dentro dos limites legais para poupar impostos sem evadir. Nesse sentido, o CTN permite o planejamento tributário pelas empresas na finalidade de redução de custos.

Ainda, Machado Segundo (2019, p. 9) dispõe que "o planejamento tributário no Brasil sofreu modificações ao longo do tempo". Isso se deve, segundo o autor, às mudanças históricas, políticas, econômicas e sociais.

Todavia, o que notamos ainda, conforme o autor, é que essa ideia de planejamento é fruto da necessidade de liberdade total dos indivíduos poderem organizar suas atividades como preferirem, no sentido de aumentar ou reduzir a tributação, sendo proibido somente o emprego de meios ilícitos ou simulação.

Também Machado Segundo (2019) esclarece que, conforme o tempo passou, houve mudanças de debate para que não existisse aceitação de casos que envolvessem fraude à lei, violação de direito, simulação ou ausência de um "propósito negocial".

Em outro momento, conforme Machado Segundo (2019), o debate voltou-se para o princípio da capacidade contributiva, que seria um critério de validação da obrigação tributária. Dessa forma, poderia acontecer a manifestação da capacidade contributiva para todos os perfis de negócio efetivado, e haveria o dever de pagar o tributo devido.

Segundo Castro (2002), mesmo a introdução de uma norma geral antielisiva no Brasil, como foi feito com o parágrafo único do art. 116 do CTN, conseguiu transpor o que já estava sacramentado na CF/1988 e no próprio dispositivo citado, para tentar estabelecer uma lei que regularizasse a criação de norma que admitisse a tributação embasando-se na intenção do contribuinte, não em seus atos, afastando a interpretação econômica do direito tributário brasileiro.

Isso quer dizer que:

> a) No Direito brasileiro não há lugar para normas gerais antielisivas ante o rigor da Constituição. Há cabimento para normas anti-simulatórias como presunções juris tantum, específicas, legisladas.

b) O parágrafo único do art. 116 traduz caso de simulação relativa, mas o ônus da prova é do Estado. O ato administrativo do lançamento goza de presunção de legitimidade, mas não dispensa a motivação, a razoabilidade e a proporcionalidade.

c) A certeza e a segurança do Direito devem prevalecer. Caso contrário estaremos sob o tacão do arbítrio e da opressão fiscal. (Coelho, 2006, citado por Castro, 2002, p. 14)

O que se busca, então, é segurança jurídica e proteção do contribuinte, que poderá valer-se de uma interpretação justa da lei baseada nos princípios estabelecidos pela CF/1988 e pelo CTN.

Além disso, outros foram os meios adotados para que não se utilizasse da evasão, como esclarece Coelho (2006, citado por Castro, 2003, p. 14): o Brasil usou a "cláusula ou norma especifica antielisiva especial", que visa, resumidamente, evitar elisão.

Destarte, o legislador pode utilizar a comparação, dentro dos limites da razoabilidade e da proporcionalidade, para julgar uma situação que presuma se tratar de evasão, sempre admitindo prova em contrário, como se vê a seguir:

> Assim, desde que haja razoabilidade e proporcionalidade, sempre admitida a prova em contrário, o legislador pode, por exemplo, equiparar o comodato à locação, presumindo para fins do imposto de renda, um aluguel presuntivo tributável, salvo se o contribuinte, no caso concreto, provar que o comodato é real, não ocultando um contrato de locação (dissimulação). O legislador pode, eis outro

exemplo, dizer que aquele que integraliza bens imóveis ao capital de sociedade civil ou mercantil, com imunidade (mediante um contrato de sociedade depois desfeito) que ele, o integralizador, e somente ele, pode se retirar da sociedade com os bens que colacionou. É uma típica regra antievasiva especial (antissimulatória, como no exemplo anterior) que deve passar por um teste de verdade para ser aplicável. Veja-se o caso de a sociedade vir a ser desfeita 10 anos após. Não teria havido a intenção de ocultar uma compra e venda, tributada pelo imposto sobre transmissão de bens imóveis, mediante a celebração de um falso contrato de sociedade. O tempo decorrido é prova suficiente contra a presunção juris tantum de dissimulação, que cede lugar ao princípio da verdade material. Entre nós, portanto, só o legislador pode qualificar e requalificar os atos e negócios jurídicos para os tributar, jamais o agente do Estado-Administração. Este só pode, ao abrigo de norma legislada, aplicar a lei mediante ato administrativo fundamentado em provas (motivação). Ipso facto, não poderá, como sugerem alguns, utilizar a analogia imprópria para, com base nos resultados econômicos obtidos (idênticos), mas com inferior custo fiscal, desqualificar o negócio alternativo e a ele aplicar (negócio extratípico) a tributação prevista para o negócio típico (ou seja, tipificado na lei). Seria a mais descarada utilização do arbítrio, contra a segurança jurídica e o princípio da legalidade, inclusive dos atos administrativos (Coelho, 2006, p. 61, citado por Castro, 2002, p. 14).

Contudo, Castro (2002) afirma que o parágrafo único do art. 116 do CTN não é autoaplicável, sendo meramente uma lei sobre como fazer leis.

EXERCÍCIO RESOLVIDO

Quanto à introdução de uma norma antielisiva no Brasil, que, em resumo, impeça o contribuinte de usar um planejamento tributário, ou seja, elisão, o parágrafo único do art. 116 do CTN gera algumas divergências doutrinárias. Portanto, sobre esse parágrafo, é possível afirmar que são verdadeiras as assertivas a seguir, **exceto**:

a) No direito brasileiro, não há lugar para normas gerais antielisivas em razão do rigor da CF/1988. Há cabimento para normas antissimulatórias, como presunções *juris tantum*, específicas, legisladas.

b) O parágrafo único do art. 116 traduz caso de simulação relativa, mas o ônus da prova é do Estado. O ato administrativo do lançamento goza de presunção de legitimidade, mas não dispensa a motivação, a razoabilidade e a proporcionalidade.

c) Na norma antielisiva disposta no parágrafo único do art. 116 do CTN, a certeza e a segurança do direito devem prevalecer.

d) No Brasil, não prevalece a consideração econômica, dada a necessidade de segurança jurídica.

> Gabarito: D
>
> *Feedback* do exercício: No Brasil, não prevalece a consideração econômica, assegurada essa inaplicabilidade

pelos princípios da legalidade, da reserva absoluta de lei formal, da estrita legalidade e da especificidade conceitual fechada.

A norma antielisiva, portanto, embora disposta em lei, não tem aplicação, sendo legal a utilização de planejamento tributário, desde que dentro dos ditames legais, ou seja, a elisão.

5.3.1 O que envolve o planejamento tributário

Antes de abordarmos o planeamento tributário em si, é preciso ter em vista a importância de garantir que as empresas possam ser inseridas no mercado competitivo.

Sobre esse aspecto, Castro e Junqueira (2016) denotam que a estratégia empresarial é básica para que as empresas se estruturem e desenvolvam adequadamente objetivos futuros, posicionando-se da melhor forma possível em seu ambiente.

Essas empresas devem seguir alguns elementos básicos da estratégia empresarial:

> - Os objetivos a serem alcançados;
> - As políticas que orientam ou limitam as estratégias a serem desenvolvidas e
> - Os projetos, com suas atividades sequenciais, para concretizar os objetivos definidos dentro dos limites estabelecidos pelas políticas. (Castro; Junqueira, 2016, p. 29)

Mas não somente a estratégia é uma opção no que se refere à otimização dos resultados. Nesse ponto, a informação contábil, que tem por viés fortalecer a decisão estratégica, reduz as incertezas.

O planejamento tributário sob essa ótica é um instrumento que se utiliza de ações legais para economizar impostos. De acordo com Machado Segundo (2019, p. 20), o planejamento fiscal vai além da esfera tributária, estando relacionado com o princípio da neutralidade: "Assim, o princípio da neutralidade fiscal apregoa que a tributação deve ter menor afetação possível na economia, com a finalidade de manter o seu equilíbrio geral". Isso ocorre porque um encargo excessivo de tributos pode afetar muito a neutralidade fiscal do sistema de preços de determinada economia.

De acordo com Machado Segundo (2019), não existe uma maneira única de realizar um plano, pois este decorre da prática e apresenta algumas características ordinárias, tais como:

> a circunstância de haver um objetivo escolhido previamente à escolha dos instrumentos a serem utilizados. Vale dizer, o fim (redução de tributo) é definido antes dos meios (contratos, etc). Isto leva ao predomínio do fim sobre o meio, pois este é escolhido unicamente porque e desde que sirva ao objetivo visado. (Greco, 2008, p. 118, citado por Machado Segundo, 2019, p. 33)

O planejamento ainda pode caracterizar-se em uma conduta única ou em um conjunto destas. No entanto, o uso de mais de uma conduta não deve ser analisado separadamente com a finalidade de enquadramento no regime.

Nesse sentido, Machado Segundo (2019, p. 34, grifo do original) apresenta cinco indicadores de que um plano existe:

a) **encadeamento de etapas**, havendo um nexo de causa e efeito entre elas;

b) **inexorabilidade da sequência**, no sentido dos atos praticados deverem ser vistos não na sua individualidade, mas como partes integrantes de um negócio maior

c) **não celebração de negócios intermediários com terceiros**: contribuinte só realiza atos daquela forma com certas pessoas

d) **uso de institutos em hibernação**: utilização de institutos muitas vezes inusual para o fim que pretensamente se pretende atingir

e) **neutralização dos efeitos indesejáveis**, pela introdução de cláusulas que bloqueiem os efeitos normais do negócio escolhido.

Sintetizando, presume-se que o planejamento foi feito sobre um contexto de licitude, esperando-se que o conjunto de atitudes seja eficaz diante do Fisco.

5.3.1.1 *Tipos de planejamento tributário: planejamento estratégico, planejamento tático e planejamento operacional*

No que tange ao quesito conceitual, o planejamento estratégico está dividido em três tipos: (1) planejamento estratégico; (2) planejamento tático, e (3) planejamento operacional.

O primeiro, conforme Castro e Junqueira (2016), trata-se do processo administrativo que visa à sustentação metodológica para que a empresa siga pelo melhor caminho, buscando o alcance de objetivo a longo prazo.

Já o planejamento tático se firma em prazos médios e divide-se em departamentos da empresa, não tendo como objetivo a otimização da organização como um todo.

O planejamento tático constitui o desdobramento do planejamento estratégico quanto à execução.

Por sua vez, o planejamento operacional coloca em prática a metodologia constituída para o desenvolvimento dos dois primeiros planejamentos, com concretizações em curto prazo.

5.3.2 Tributos do planejamento tributário

Ao dar início ao planejamento tributário, a empresa precisa escolher o regime de tributação do Imposto de Renda, e isso decidirá como serão apurados e recolhidos os outros tributos. São impostos do planejamento tributário a CSLL (Contribuição Social sobre o Lucro Líquido) e a PIS/Cofins.

Conforme ensina Alvarenga (2020), enquadram-se como tributos pagos por uma empresa dentro do planejamento tributário. Na esfera federal, temos o Imposto de Renda, sendo a tributação sobre proventos do contribuinte, o Imposto Sobre Produtos Industrializados, cuja previsão está contida no art. 153, inciso IV, da CF/1988, recorrendo no desembaraço aduaneiro, na saída do produto industrializado ou, ainda, na sua arrematação em caso de abandono.

Outro imposto a ser tratado é a Contribuição para o Programa de Integração Social (PIS/PASEP), que pode ser recolhido sobre o faturamento, a importação ou a folha de pagamento, bem como a Contribuição Social sobre o Faturamento das Empresas (Cofins), que recai sobre a receita bruta do contribuinte.

No mesmo sentido, há o Imposto aplicado sobre Movimentações Financeiras (CPMF), o qual incide sobre movimentações bancárias (empréstimos, pagamentos, depósitos, por exemplo) e o Imposto sobre Importações, que ocorre quando entram produtos estrangeiros no Brasil.

Em âmbito estadual, há o Imposto sobre Circulação de Mercadorias e Prestação de Serviços (ICMS), o qual, em síntese, incide sobre as mercadorias em geral. No âmbito municipal, há o Imposto sobre Serviços (ISS), que incide sobre a prestação de serviços, seja ela realizada por uma empresa, seja por um profissional autônomo.

É importante salientar que as empresas também devem recolher as contribuições da Previdência Social dos funcionários referente ao Instituto Nacional do Seguro Social (INSS) e, de acordo com o regime financeiro adotado pela empresa, um ou outros tributos citados não serão descontados, por exemplo, o microempreendedor recolhe o imposto simples, que engloba ISS, ICMS e seu próprio INSS. Caso tenha um empregado, o que é permitido para o microempreendedor individual, deverá pagar fora do imposto simples a previdência social de seu empregado.

Os fatores que envolvem essa escolha são:

> Receita bruta e lucro do ano anterior: a possibilidade de escolha de determinados regimes como o Simples Nacional e o Lucro Presumido depende da receita bruta auferida seja nos últimos 12 meses, seja no ano-calendário anterior. Assim, para se verificar as opções possíveis ao contribuinte, importante se verificar a receita bruta e lucro líquido deste período. (Machado Segundo, 2019, p. 94)

Nesse caso, o período a ser analisado é muito importante, pois a escolha do regime depende do quanto foi auferido como receita bruta nesse espaço.

Para melhor compreensão, de acordo com o art. 518 do Regulamento de Imposto de Renda:

> a base de cálculo do imposto e do adicional do lucro presumido será determinado mediante aplicação do percentual de 8% (oito por cento) sobre a receita bruta de vendas de mercadorias e/ou prestação de serviços, auferida no período de apuração. (Castro; Junqueira, 2016, p. 43)

As atividades operacionais desenvolvidas pela pessoa jurídica sobre as quais esse imposto incide são:

> a) Revenda, para consumo, de combustível derivado de petróleo, álcool etílico carburante e gás natural;
>
> b) Venda de mercadorias e produtos;
>
> c) Prestação de serviços de transporte de cargas;
>
> d) Serviços hospitalares;
>
> e) Atividade rural;
>
> f) Industrialização de produtos;
>
> g) Atividades imobiliárias;
>
> h) Construção por administração ou por empreitada com fornecimento de materiais de mão-de-obra;
>
> i) Qualquer outra atividade (exceto prestação de serviços), para a qual não esteja previsto percentual específico.
>
> j) Prestação de serviços de transportes, exceto de carga;
>
> k) Instituições financeiras e entidades a ela equiparadas;
>
> l)Serviços em geral, exceto a de serviços hospitalares;
>
> m)Serviços prestados por sociedade civil de profissão legalmente regulamentada;
>
> n) Intermediação de negócios

o) Administração, locação ou cessão de bens móveis, móveis e direitos de qualquer natureza (exemplo: factoring, franching etc.);

p) Construção por administração ou por empreitada, unicamente de mão-de-obra. (Castro; Junqueira, 2016, p. 44)

Outro ponto analisado é que, segundo Machado Segundo (2019), a receita bruta e o lucro do ano anterior são importantes para escolher o regime tributário, principalmente para prever esses fatores quando se trata de empresas novas, pois isso é fundamental para reconhecer em qual regime a empresa se enquadra.

O regime, então, é decidido tanto pela receita bruta do ano anterior quanto pela previsão para o ano escolhido. Além disso:

> Margem de lucro da atividade desenvolvida: o conhecimento exato da margem de lucro efetiva da pessoa jurídica em razão da sua atividade pode ser fator determinante para exercer a opção entre a sistemática do lucro real e o lucro presumido. Conforme veremos a seguir, a tributação pelo lucro presumido se dá por meio de presunções legais de margem de lucro. Assim, ao se conhecer a margem real de lucro da empresa, pode-se comparar com a margem de lucro presumida pela lei para verificar se será vantajoso ou não a escolha pelo lucro presumido. (Machado Segundo, 2019, p. 94)

Espera-se que o administrador-financeiro da empresa possa prever exatamente o lucro que a organização terá. Isso influencia, como visto, a escolha entre a sistemática do lucro real e do lucro presumido.

> PIS/COFINS cumulativo e não cumulativo (deduções): a tributação das contribuições PIS e COFINS dependerá do regime de tributação escolhido para o IRPJ. Assim, no lucro presumido, a PIS terá uma alíquota de 0,65% e a COFINS de 3% sobre a receita bruta e terão caráter cumulativo, ou seja, não se poderá fazer qualquer tipo de dedução. Já se a sistemática escolhida for a do lucro real, as alíquotas de PIS e COFINS sobem respectivamente para 1,65% e 7,6%, mas submetidas ao regime não-cumulativo, sendo possível certas deduções. (Machado, 2019, p. 94)

Isso significa que a PIS/COFINS influencia a escolha do regime do IPRF.

Outro fator que deve ser considerado, conforme Machado Segundo (2019, p. 95), são as deduções, pois o lucro real é baseado em lucro líquido da pessoa jurídica, então despesas e custos também interferem nessa escolha.

Destarte, as despesas e os custos dedutíveis da receita estão diretamente ligados à escolha de um regime tributário baseado em lucro líquido.

Além desse, a folha de pagamento conta como fator:

> Folha de pagamento — tendo em vista que a folha de pagamento representa uma dedução possível da receita bruta para fins de apuração do lucro líquido da empresa, este poderá ser um fator importante para se determinar a escolha da tributação mais favorável. Além disso, a tributação patronal sobre a folha de pagamentos pode representar

um ônus a mais à empresa caso ela tenha que optar por um regime que não a abrange, como o Simples Nacional. (Machado Segundo, 2019, p. 95)

Se a hipótese for uma dedução na contagem final da receita bruta, a folha de pagamento será fundamental na escolha do regime mais favorável.

Há também a remuneração dos sócios, outro ponto influenciável:

> Remuneração dos sócios — a decisão sobre como se dará a remuneração dos sócios da pessoa jurídica (dividendos, juros sobre o capital, pró-labore), também poderá influenciar no regime de tributação, tendo em vista que certas formas de remuneração podem ser deduzidas para fins de apuração do lucro da empresa, o que acarreta menor ônus tributário. (Machado Segundo, 2019, p. 95)

Esse ponto específico é autoexplicável, no entanto convém ressaltar que nem todo pagamento é dedutível.

Finalmente, o último ponto a ser evidenciado é o:

> Regime tributário produtos/serviços — para se escolher o melhor regime de tributação, imprescindível se conhecer as atividades da empresa (indústria, comércio, serviços), bem como o regime tributário a que os produtos ou serviços objeto de sua atividade se submetem, principalmente a possibilidade de possíveis benefícios fiscais como isenções, alíquota zero, redução da base de cálculo, substituição tributária, etc. (Machado Segundo, 2019, p. 95)

Então, conhecer as atividades da empresa e o regime tributário a que os produtos ou serviços estão submetidos é fundamental na análise geral do regime a ser escolhido.

Diante de todos esses fatores, a pessoa jurídica pode optar pelo regime do Simples Nacional:

> Trata-se de um regime tributário diferenciado, simplificado e favorecido regulado pela Lei Complementar nº 123, de 14.12.2006, com as modificações trazidas por leis posteriores, aplicável às Microempresas e às Empresas de Pequeno Porte, a partir de 01.07.2007. Este sistema abrange todos os entes da Federação, é facultativo, mas irretratável para o ano calendário. O recolhimento é mensal, através de um documento único de arrecadação a ser pago até o último dia da primeira quinzena ao mês subsequente em que a receita tiver sido auferida. (Machado Segundo, 2019, p. 95-96)

Nessa senda, para fins de inclusão no Simples, considera-se como microempresa o empresário, a pessoa jurídica ou a ela equiparada que ganhe, anualmente, receita bruta igual ou inferior a R$ 360.000,00. Já como empresa de pequeno porte o empresário, o mesmo perfil que receba, no entanto, receita bruta superior a R$ 360.000,00 e igual ou inferior a R$ 3.600.000,00.

Esse sistema abrange os tributos a seguir:

> - Imposto sobre a Renda da Pessoa Jurídica (IRPJ);
> - Imposto sobre Produtos Industrializados (IPI);
> - Contribuição Social sobre o Lucro Líquido (CSLL);

- Contribuição para o Financiamento da Seguridade Social (cofins);
- Contribuição para o pis/Pasep;
- Contribuição Patronal Previdenciária (cpp);
- Imposto sobre Operações Relativas à Circulação de Mercadorias e Sobre Prestações de Serviços de Transporte Interestadual e Intermunicipal e de Comunicação (icms);
- Imposto sobre Serviços de Qualquer Natureza (iss). (Machado Segundo, 2019, p. 96)

Entretanto, existem desvantagem nessa escolha. São alguns impedimentos os a seguir listados:

- auferir receita bruta superior a r$ 3.600.000,00 no ano-calendário anterior;
- ter participação de outra pessoa jurídica em seu capital;
- que seja filial, sucursal, agência ou representação, no País, de pessoa jurídica com sede no exterior;
- ter participação em seu capital de pessoa física que seja inscrita como empresário ou seja sócia de outra empresa que receba tratamento jurídico diferenciado do simples nacional, desde que a receita bruta global ultrapasse o limite de r$ 3.600.000,00;
- ter participação em seu capital de pessoa física com mais de 10% do capital de outra empresa não beneficiada pelo simples nacional, desde que a receita bruta global ultrapasse o limite de r$ 3.600.000,00;
- ter participação em seu capital de pessoa física que seja administrador ou equiparado de outra pessoa jurídica

com fins lucrativos, desde que a receita bruta global ultrapasse o limite de R$ 3.600.000,00;
> ser constituída sob a forma de cooperativas, salvo as de consumo;
> que participe do capital de outra pessoa jurídica;
> que exerça atividade financeira (banco, corretoras, empresa de arrendamento mercantil, de seguros privados e de previdência complementar) e atividade de assessoria creditícia, gestão de crédito, seleção e riscos, asset managements, factorings;
> resultante ou remanescente de cisão ou qualquer outra forma de desmembramento de pessoa jurídica que tenha ocorrido em um dos 5 anos-calendário anteriores;
> constituída sob a forma de sociedade por ações;
> que tenha sócio domiciliado no exterior;
> ter participação em seu capital de entidade da administração pública, direta ou indireta, federal, estadual ou municipal;
> que possua débito com o INSS, ou com as Fazendas Públicas Federal, Estadual ou Municipal, cuja exigibilidade não esteja suspensa;
> que preste serviço de transporte intermunicipal e interestadual de passageiros;
> que exerça as seguintes atividades: geração, transmissão, distribuição ou comercialização de energia elétrica; importação ou fabricação de automóveis e motocicletas; importação de combustíveis; produção ou venda no atacado de cigarros, armas, munições

e explosivos, bebidas alcoólicas, refrigerantes, entre outros produtos;
- › prestação de serviços de atividade intelectual, de natureza técnica, científica, desportiva, artística ou cultural, que constitua profissão regulamentada ou não, bem como serviços de instrutor, de corretor, de despachante ou de qualquer tipo de intermediação de negócios;
- › que realize cessão ou locação de mão de obra;
- › que realize atividade de consultoria;
- › que se dedique ao loteamento e à incorporação de imóveis; e
- › que realize atividade de locação de imóveis próprios, exceto quando tributados pelo ISS. (Machado Segundo, 2019, p. 96-97)

Considera-se, para calcular o simples, a apuração do valor da receita bruta mensal sobre a qual se aplica uma alíquota determinada pela receita bruta cumulada nos 12 meses que antecedem a apuração.

O próximo tributo é o lucro presumido, que se baseia, conforme Machado Segundo (2019), na presunção legal de lucratividade. O cálculo é feito com base no Imposto de Renda, sendo sua apuração trimestral. Embora facultativo, uma vez escolhida sua permanência, torna-se obrigatório por todo o ano-calendário.

O requisito para essa escolha, de acordo com Machado Segundo (2019, p. 98), é que a pessoa jurídica deve ter uma receita total no ano-calendário anterior, igual ou inferior a R$ 78.000.000,00, segundo a Lei n. 12.814, de 16 de maio de 2013, a partir de 2014 (Brasil, 2013).

A apuração baseada no lucro presumido ocorre da seguinte forma:

> a base de cálculo do IRPJ é determinada mediante a aplicação de determinados percentuais previstos em lei (presunção de lucro) à receita bruta mensal do contribuinte. Após se chegar à base de cálculo, se aplica a alíquota de 15% do IRPJ, mais o adicional de 10% para a parcela da base de cálculo que ultrapassar o valor de R$ 60.000,00. (Machado Segundo, 2019, p. 96-97)

Como receita bruta considera-se, para fins de aplicação, a alíquota do lucro presumido.

EXEMPLIFICANDO

Calcula-se o Imposto de Renda devido multiplicando a receita bruta pela porcentagem da atividade. Esse resultado é somado a ganhos capitais, rendimentos e ganhos líquidos auferidos em aplicações financeiras e todos os resultados positivos decorrentes de atividades da pessoa jurídica. Depois, somam-se as demais receitas, rendimentos e resultados positivos auferidos no trimestre, inclusive juros sobre capital próprio. Isso indicará o lucro presumido, que será multiplicado por 15%, resultando no Imposto de Renda devido.

Ressaltamos que deve haver um adicional de 10% se a base de cálculo exceder a R$ 60.000,00.

A próxima tributação a ser estudada é o lucro real. Trata-se de um regime padrão de apuração do Imposto de Renda de Pessoa Jurídica, podendo ser usado por todas as pessoas jurídicas que desejarem.

Entretanto, Machado Segundo (2019) esclarece que muitas empresas são obrigadas a adotar essa tributação. Ainda que o uso dessa premissa exija da empresa certa organização, pois demanda um controle feito pelo Livro de Apuração do Lucro Real (Lalur), por exemplo, apura-se o lucro real sob o ponto de partida do lucro líquido.

Esse procedimento exige que, uma vez apurado o lucro líquido contábil, sejam feitos ajustes, como adições, exclusões e compensações, para que se aufira o lucro real, base de cálculo do Imposto de Renda da Pessoa Jurídica.

Os casos em que a empresa é obrigada a utilizar essa tributação são:

> - Empresas que tiverem receita bruta total no ano-calendário anterior superior a R$ 78 milhões
> - Instituições financeiras
> - Empresas que tiverem lucros, rendimentos ou ganhos de capital do exterior
> - Empresas que tiverem usufruam de certos benefícios fiscais
> - Empresas que tenham feito pagamento mensal pelo regime de estimativa
> - Atividades de factoring
> - Atividades de construção, incorporação, compra e venda de imóveis que tenham registro de custo orçado.
>
> (Machado Segundo, 2019, p. 101)

O lucro real é apurado de duas maneiras distintas. No primeiro caso, trimestralmente, "cujos recolhimentos são definitivos, tendo por vencimento o último dia do mês subsequente ao trimestre" (Machado Segundo, 2019, p. 102). Assim:

> A apuração trimestral do lucro real se dá pela apuração e recolhimento definitivo do IRPJ a cada trimestre (31/03, 30/06, 30/09, 31/12). O pagamento deve ser realizado até último dia do mês subsequente ao trimestre. A desvantagem deste tipo de apuração é que a compensação de prejuízos de um trimestre para outro fica limitada a 30% do lucro real apurado. Além disso, deve-se pagar um adicional de 10% após a parcela do lucro real que ultrapassar a R$60.000,00, o que pode ser uma desvantagem em relação ao regime anual, já que o adicional se aplica quando o lucro real do ano ultrapassar a R$240.000,00. (Machado Segundo, 2019, p. 102)

No segundo caso, serão apurados somente no ajuste anual, após o final do exercício. Dessa forma:

> A outra opção de recolhimento do lucro real é a apuração anual. Neste caso, procede-se a recolhimentos mensais durante o ano, calculados com base em estimativas de lucratividade, representando meras antecipações do tributo a ser apurado no final do exercício financeiro, na ocasião do ajuste anual definitivo que ocorre em 31.12.
> O adicional de 10% se aplica aos valores acima de R$240.000,00 verificados na somatória anual. Ao contrário da sistemática da apuração anual, eventuais prejuízos

fiscais apurados durante os meses do ano, podem ser compensados integralmente. (Machado, 2019, p. 102)

O cálculo é feito da seguinte maneira: após o pagamento mensal do Imposto de Renda por estimativa, é apurado o lucro real anual depois de fechados os demonstrativos contábeis ao fim do exercício de 31 de dezembro.

De posse das faculdades legais, comerciais e contábeis pertinentes, aufere-se o lucro líquido contábil, que é anotado no Livro de Apuração do Lucro Real, e servirá como base para os ajustes e para determinar o Lucro Real – base de cálculo do IRPJ.

EXEMPLIFICANDO

Apura-se o lucro real anual da seguinte maneira: soma-se o lucro líquido contábil a adições e subtrai-se desse resultado as exclusões e, deste último, a compensação prejuízos fiscais, resultando no lucro real. Esse lucro deve ser multiplicado pela alíquota de 15%, e o resultado multiplicado ao adicional de 10% (acima de R$ 240.000,000). Subtrai-se desse resultado as deduções de incentivos fiscais e, deste último, o IRPJ pago e/ou na fonte, resultando no IRPJ a pagar.

O adicional citado no exemplo objetiva evitar que, na base de cálculo do Imposto de Renda, seja computada alguma despesa que afete o lucro líquido e que seja considerado indedutível.

Entretanto, algumas despesas são indedutíveis. São elas:

> Pagamentos efetuados à sociedade civil de profissão regulamentada quando esta for controlada, direta ou indiretamente, por pessoas físicas que sejam diretores, gerentes, controladores da pessoa jurídica que pagar ou creditar os rendimentos, bem como pelo cônjuge ou parente de primeiro grau das referidas pessoas
> Despesas com alimentação de sócios, acionistas e administradores
> Contribuições não compulsórias (exceto seguros, planos de saúde, e previdência complementar)
> Doações (com exceções)
> Despesas com brindes
> CSLL – Contribuição Social Sobre o Lucro Líquido
> Custo de aquisição de bens do ativo permanente – acima de R$ 326,61 ou que vida útil não ultrapasse 1 ano
> Provisões (salvo exceções – férias, 13º, IRPJ)
> Multas fiscais (salvo as de natureza compensatória e por infrações de que não resultem falta ou insuficiência de pagamento de tributo)
> Tributos e multas com a exigibilidade suspensa. (Machado Segundo, 2019, p. 104)

Ainda, os valores diminuídos do lucro líquido são chamados de *exclusões* para fins de apuração do lucro real. Eles objetivam a não computação na base de cálculo do Imposto de Renda, das receitas que aumentaram o lucro líquido da pessoa jurídica e que, no entanto, a legislação tributária considera como não tributáveis.

Quanto à Contribuição Social Sobre Lucro Líquido (CSLL):

> Aplicam-se a CSLL as mesmas normas de apuração e de pagamento estabelecidas para o imposto de rendas das pessoas jurídicas, mantidas a base de cálculo e as alíquotas previstas na legislação em vigor. No lucro presumido, em regra, sua base de cálculo é de 12% e sua alíquota é de 9%. A partir de setembro/2003 as empresas prestadoras de serviços tiveram a sua base de cálculo aumentada de 12% para 32%. (Castro; Junqueira, 2016, p. 45)

PERGUNTAS E RESPOSTAS

Quais são os dois tipos de prejuízos que podem ser contabilizados pelas pessoas jurídicas?

> De acordo com Machado Segundo (2019, p. 104), existem ainda dois tipos de prejuízo que podem ser contabilizados pelas pessoas jurídicas. O primeiro é contábil "apurado na Demonstração de Resultado do Exercício (DRE)", e o segundo é fiscal "apurado após os ajustes do Lucro Líquido, na Demonstração do Lucro Real registrado no LALUR".

É possível compensar tais prejuízos independentemente de haver prazo, dentro do limite de 30% do lucro líquido ajustado determinado no exercício seguinte.

Por outro lado, os prejuízos não operacionais:

> só poderão ser compensados com lucros da mesma natureza nos exercícios seguintes. Prejuízos de filiais, sucursais, controladas ou coligadas no exterior e perdas de

capital de aplicações e operações efetuadas no exterior não podem ser compensados com o lucro real apurado no Brasil. (Machado Segundo, 2019, p. 105)

Ainda, explica Machado Segundo (2019), o saldo negativo do IRPJ ocorre quando se constata na apuração anual do lucro real que a pessoa jurídica pagou mais imposto do que era preciso pagar durante o ano.

De acordo com o autor, isso acontece porque a estimativa feita para o recolhimento foi maior do que o valor anual apurado. Deve, assim, ser creditado um saldo em favor do contribuinte, que pode ser restituído ou compensado por meio de tributos federais quaisquer, estejam vencidos ou vincendos, perante apresentação da Declaração de Compensação (DECOMP) à Receita Federal.

Conforme Machado Segundo (2019), a Lei n. 11.638, de 28 de dezembro de 2007 (Brasil, 2007), trouxe mudanças na maneira de as pessoas jurídicas brasileiras contabilizarem para que se ajustassem aos modelos internacionais de contabilidade.

Por sua vez, Lei n. 11.941, de 27 de maio de 2009 (Brasil, 2009b), criou o Regime Tributário de Transição, o qual se baseia na Lei n. 11.638/2007 e tem por objetivo a neutralidade tributária dessas alterações.

O Regime Tributário de Transição é obrigatório desde 2010 para todas as pessoas jurídicas que apuram o Imposto de Renda de Pessoa Jurídica e a Contribuição Social sobre o Lucro Líquido pelo lucro real, sendo regida conforme o art. 15, parágrafo 1º, da Lei n. 11.941/2009: "até a entrada em vigor de lei que discipline os efeitos tributários dos novos métodos e critérios contábeis, buscando a neutralidade tributária" (Brasil, 2009b).

A fim de que não houvesse reflexos tributários advindos das mudanças feitas pela Lei n. 11.638/2007, dispõe o art. 16 da Lei n. 11.941/2009, a qual disciplina o Regime Tributário de Transição, que as alterações dessa lei que mudem o critério de reconhecimento de receitas, custos e despesas computadas na apuração do lucro líquido do exercício definido no art. 191 da Lei n. 6.404/1976 não terão efeitos para fins de apuração do lucro real da pessoa jurídica sujeita ao Regime Tributário de Transição. Devem, ainda, ser considerados os métodos e critérios contábeis vigentes em 31 de dezembro de 2007, para fins tributários.

EXERCÍCIO RESOLVIDO

A elisão fiscal e a evasão fiscal são distintas em sua aplicabilidade. Em uma delas, o contribuinte não está infringindo a lei, mas, na outra, sua atitude contra o Fisco pode acarretar sanções legais. Sobre as diferenças existentes entre evasão e elisão fiscal, assinale a alternativa correta:

a) Evasão é o uso de meios lícitos, antecedentes à incidência tributária, para que se consiga economia de tributos, o que pode acontecer ao impedir-se a ocorrência do fato gerador, ou afastando-se o contribuinte da esfera de alcance da norma tributária, ou simplesmente reduzindo-se a quantia de tributo a ser paga.

b) Na elisão, o critério avaliado deve ser o de anterioridade, considerando-se que ela ocorre antes da incidência do fato gerador que causa a obrigação de tributar, podendo utilizar-se de meios lícitos e ilícitos para elidir do pagamento ou redução de tributos.

c) Na elisão, ocorre o uso de meios lícitos, antecedentes à incidência tributária, para que se consiga economia de tributos, o que pode acontecer ao se impedir a ocorrência do fato gerador, ou afastando-se o contribuinte da esfera de alcance da norma tributária, ou simplesmente reduzindo-se a quantia de tributo a ser paga.

d) Na evasão, o critério avaliado deve ser o de anterioridade, considerando-se que ela ocorre antes da incidência do fato gerador que causa a obrigação de tributar, podendo adotar somente de meios lícitos para driblar-se do pagamento ou redução de tributos.

Gabarito: C

Feedback do exercício: Se os atos praticados pelo contribuinte para evitar, retardar ou reduzir o pagamento de um tributo foram praticados antes da ocorrência do respectivo fato gerador, trata-se de hipótese de elisão, mas somente os atos legitimados por lei são permitidos, do contrário ocorre a evasão.

Muitas vezes, o direito tributário trabalha em conjunto com o profissional de ciências contábeis em muitos aspectos, principalmente para auferir corretamente os impostos citados neste item.

5.4 Simulação

O Código Civil de 2002 prevê hipóteses de simulação quando há:

> (a) negócios jurídicos "aparentarem conferir ou transmitir direitos a pessoas diversas daquelas às quais realmente se conferem ou transmitem";
> (b) negócios jurídicos "contiverem declaração, confissão, condição ou cláusula não verdadeira";
> (c) instrumentos particulares forem antedatados ou pós-datados. (Godoi; Ferraz, 2012, s.p.)

Entretanto, Godoi e Ferraz (2012) reverberam que, no que tange aos documentos atentados ou pós-datados, a compreensão da realidade é mais fácil de se descobrir, o que facilita a conclusão de haver ou não simulação.

O QUE É?

Documentos falsificados são aqueles que sofrem dolosamente rasuras ou que são forjados para fins diversos dos previstos. São fabricados ou não, podendo alterar documento existente conforme sua conveniência, que geralmente é ilícita.

O que é comum nessas duas hipóteses é a aparência não verdadeira do documento. Existem, no entanto, casos em que o negócio jurídico é somente aparência, como em

> um contrato de prestação de serviços em que nenhum serviço é prestado–simulação absoluta–ou um contrato de compra e venda cujo preço declarado na escritura é

diferente do que foi pago pelo comprador ao vendedor-simulação relativa. (Godoi; Ferraz, 2012)

Todavia, muitos casos são motivo de questionamento pela fiscalização e submetidos ao crivo dos Conselhos de Contribuintes e do Judiciário, cuja aparência da simulação não se faz tão evidente.

Diante das provas que não denotam inconsistências nos fatos concretos, ainda existem duas maneiras básicas de descobrir o falso caráter de um negócio jurídico.

5.4.1 Concepção subjetiva do negócio jurídico: voluntaristas e declaracionistas

As concepções tradicionais do negócio jurídico são duas: **subjetiva** e **objetiva**.

Tratando-se o negócio jurídico, na concepção mais comum, da manifestação de vontade que se destina a criar determinado efeito, analisa-se a manifestação em dois elementos: vontade e a declaração.

Mas, como aduzem Godoi e Ferraz (2012), esses dois elementos dividem-se em duas correntes: a **voluntarista** e a **declaracionista**.

> A teoria voluntarista, também conhecida como teoria da vontade real, foi desenvolvida por Savigny e preconiza que vontade e declaração não são dois elementos independentes um do outro, mas ligados "por um vínculo natural de dependência" (Santos, 1999, p. 8), visto que a vontade necessita de um sinal exterior para ser reconhecida, que é justamente a declaração. Todavia, havendo contradição

> entre a vontade e a declaração, tem-se uma declaração sem vontade e, em decorrência da importância primacial da vontade, diz-se que o negócio é ineficaz, já que nenhum valor pode ter uma declaração que não seja a revelação de uma vontade real. (Godoi; Ferraz, 2012)

Essa concepção foi adotada, conforme Godoi e Ferraz (2012), pela maioria dos civilistas no Brasil. Para eles, a simulação é "conceituada como uma divergência intencional entre a vontade real, isto é, aquilo que as partes efetivamente pretendiam em seu íntimo, e a declaração".

A simulação absoluta, nesse sentido, seria:

> Segundo Pontes de Miranda a simulação absoluta constituiria ficção, disfarce, ilusão, fantasma, embuste, máscara etc; na simulação relativa, o negócio simulado é considerado invólucro, capa ou roupagem destinada a encobrir o negócio subjacente. Como o negócio simulado, para os voluntaristas, tinha como finalidade enganar terceiros, tal intuito era descrito também como malícia, ludíbrio, artifício, destreza, astúcia, estratagema, dentre outros. (Godoi; Ferraz, 2012, s.p.)

Porém, no caso dos adeptos da corrente voluntarista, na simulação as partes não têm intenção real sobre o negócio, desejando somente que pareça que este ocorreu para terceiros, emitindo declaração contrária à sua vontade.

Godoi e Ferraz (2012) citam os requisitos da simulação tradicional para facilitar o entendimento do ato: "uma declaração (a) enganosa, ou seja, deliberadamente desconforme com a intenção das partes, (b) concertada com a outra parte para (c) enganar ou iludir terceiros".

Ocorre que a tese voluntarista era insuficiente. Diante do fato de haver injustiças conduzidas pelo rigor da teoria volitiva de Savigny de 1916 e, ainda, por não ser segura perante as relações jurídicas, emergiu a teoria da declaração. Sobre essa teoria, é possível afirmar:

> A essência dessa teoria encontra-se no princípio de que a declaração emitida por pessoa capaz produz efeitos jurídicos sem que se considere se o declarado está realmente de acordo com o desejo desse indivíduo. Ou seja, deveria prevalecer a declaração de vontade, na sua forma objetiva, visto que essa é a base do negócio jurídico. (Godoi; Ferraz, 2012)

Para essa tese, muitos foram os autores que deram sua contribuição, até que, finalmente, chegou-se a uma versão não tão radical:

> a simulação deveria ser vista como um fenômeno unitário, isto é, o ato simulado seria o resultado de duas declarações que se anulariam ou se neutralizariam. Na realidade, as partes envolvidas não desejariam operar nenhuma alteração em suas situações jurídicas. Nesse contexto, a duplicidade de declarações conferiria unidade ao ato simulado não por uma divergência entre vontade e declaração, mas pela troca, entre as partes, de declarações que se anulariam ou se neutralizariam, criando uma nova declaração. (Godoi; Ferraz, 2012)

Mesmo essa corrente sofreu críticas, conforme Godoi e Ferraz (2012), e a mais importante dizia que, de um lado, a doutrina da vontade real atendia excessivamente aos interesses do declarante e, de outro, rechaçava esses interesses, resultando na insegurança e na incerteza nos negócios.

A teoria declaracionista somente retirou o defeito da teoria da vontade, que protegia o declarante, para proteger somente o declaratário, e isso ainda pesou na balança.

5.4.2 Concepção objetiva do negócio jurídico: visão causalista da simulação

Como visto, a simulação ainda não tinha solucionado todas as dúvidas e os conflitos com as correntes existentes. Entretanto, Godoi e Ferraz (2012) esclarecem que foi a partir dos estudos de Emilio Betti que esse fato ganhou novos contornos.

Betti publicou sua obra *Teoria geral do negócio jurídico* em 1943, na qual relatava que a vontade não poderia ser somente um fato psíquico interno, mas que deveria ser infligida na estrutura de um fato social, dada sua função.

Sob essa ótica:

> A vontade não estaria, portanto, em primeiro plano no negócio jurídico, na medida em que, no momento em que o negócio se realiza, ela já teria percorrido o seu iter e atingido sua meta definitiva, que é a de concretizar uma resolução firme, cabendo à ordem jurídica, a partir daí, determinar os efeitos dessa declaração, em conformidade com a função do negócio. Vale dizer: o preceito da

autonomia privada (o poder de autorregulamentação dos interesses pelas partes) aparece num primeiro momento com a declaração de vontade. A partir daí, adquire vida própria, separando-se da figura do declarante e da vontade que lhe deu o ser, podendo até mesmo se contrapor a esta. (Godoi; Ferraz, 2012)

Então, para a corrente objetiva, é necessário que a vontade seja um instrumento dinâmico do qual os envolvidos dispõem para o exercício do poder de autorregência de seus interesses particulares, não mais destinada à produção de efeitos jurídicos.

Logo, deixariam de ser importantes para o direito os motivos que teriam levado as partes àquele ato, e somente o objetivo que se pretendia alcançar com o negócio teria relevância.

O objetivo, no entanto, deve ser tipicamente econômico-social da autonomia privada, sendo digno de tutela jurídica.

Ressaltam Godoi e Ferraz (2012) que já não importa o motivo, mas sim a causa do negócio jurídico, de modo que, não havendo uma, ou sendo ela ilícita, a função social do negócio estaria desviada.

> Essa teoria se ajusta perfeitamente aos negócios típicos, ou seja, aqueles em que a causa final abstrata (a causa típica do negócio) coincide com a causa final concreta (aquela que se verifica em concreto). Mas essa teoria poderia ser aplicada aos negócios atípicos, cuja causa final concreta não coincide com a causa típica do negócio jurídico constituído pelas partes? Para responder a essas perguntas, Betti

apoia-se no conceito da tipicidade social. Segundo Betti (2003, p. 271-272), os negócios atípicos também podem ser merecedores de tutela jurídica, desde que elevados ao patamar de negócios típicos em razão de sua relevância social; isto é, se se puder verificar que o negócio atípico foi inspirado em finalidades sociais, não se poderá afirmar que esteja destituído de causa. (Godoi; Ferraz, 2012)

Para que haja tutela do negócio jurídico pelo direito, é imprescindível a comprovação da sua função econômico-social, ou seja, seu ajustamento a uma causa. Havendo vício na causa, o negócio jurídico todo será afetado, como vê-se:

> Vale dizer: os vícios concernentes à causa do negócio jurídico compreenderiam não só os casos em que reste caracterizada a ilicitude da causa, como também os casos em que se verifique a ausência absoluta de causa e aqueles casos em que o negócio não se configura idôneo para a tutela jurídica, como ocorre nos negócios atípicos que não satisfaçam, concretamente, sua destinação. (Betti, 2003, p. 271, citado por Godoi; Ferraz, 2012)

No que concerne à teoria objetiva, são incluídos os vícios referentes à causa do negócio. A intenção da parte seria uma espécie de negócio jurídico escolhido. Mas pode ocorrer de o negócio ser concretizado como meio para atingir um fim distinto daquele que sua causa representa:

> Em outras palavras: as partes optam por um negócio, desviando-o de sua destinação normal, para conseguir um fim que não é o seu, ainda que possa ser perfeitamente lícito. Elas exercem, nesses casos, um "abuso da função

instrumental do negócio". (Betti, 2003, p. 277-278, citado por Godoi; Ferraz, 2012)

No caso de essa divergência se tornar uma incompatibilidade, tem-se a simulação.

Então, nessa concepção objetiva, a simulação é vista como meio de o particular contornar limites legais postos pelo direito objetivo.

> Em suma: a simulação ocorreria quando as partes, combinadas entre si, estabelecem um regramento de interesses diversos daquele que pretendem observar nas suas relações, procurando atingir um objetivo divergente da causa típica do negócio escolhido. (Godoi; Ferraz, 2012)

Como é possível inferir, tanto na concepção causalista quanto na concepção voluntarista de simulação, não se valida o negócio simulado.

O conceito causalista de simulação é bem amplo:

> a simulação também é vista sob a ótica do descasamento entre a causa típica do negócio e as intenções práticas das partes, e o intérprete indaga sobre a eventual falta de sentido ou propósito econômico nos atos e negócios jurídicos praticados, os quais são examinados sempre de maneira conjunta ou global. Caso os tribunais administrativos e judiciais analisem os planejamentos tributários com base nesse conceito, a consequência será a identificação de simulação em situações em que a doutrina tradicional nunca consideraria estar presente tal instituto jurídico. (Godoi; Ferraz, 2012)

Entretanto, na perspectiva voluntarista, somente ocorre simulação se as partes inventam ou escondem de terceiro fato relevante dentro dos negócios jurídicos que só é visto pelo particular.

SÍNTESE

› Quando se visa ao planejamento tributário de uma empresa, espera-se baixar os custos com impostos de maneira legal.
› Os colaboradores da área administrativo-financeira da empresa devem conhecer quais são os tipos de tributos existentes, saber calculá-los e entender as estratégias e a legislação para poder baixar custos de forma legal.
› A elisão fiscal é a utilização de meios lícitos, antecedentes à incidência tributária, para economizar tributos de uma empresa.
› A evasão fiscal é um ato simultâneo ou posterior à incidência tributária, que, ilicitamente, frauda, sonega, simula, para não pagar tributos devidos.
› A lei dispõe no sentido de reduzir a tributação de empresas, desde que estas preencham seus requisitos legais.
› A CF/1988 prevê que ninguém é obrigado a fazer ou deixar de fazer algo senão em virtude de lei, mas, havendo lacunas, o contribuinte pode usá-las para economizar no pagamento de tributos.
› Se houver dúvidas acerca de evasão, as autoridades administrativa e judiciária devem investigar, autuar, abrir inquéritos policiais e processos criminais, quando cabíveis,

para apurar essa prática e punir os envolvidos em caso de confirmação.
› Não existe, no direito brasileiro, lugar para normas gerais antielisivas diante do rigor da CF/1988.
› No ordenamento brasileiro, não deve prevalecer a consideração econômica para garantir-se a segurança jurídica.
› O planejamento estratégico divide-se em três tipos: (1) planejamento estratégico, (2) planejamento tático e (3) planejamento operacional.

ESTUDO DE CASO

Texto introdutório

O presente caso aborda um breve levantamento tributário da empresa de nome hipotético *Montadito*. O levantamento tributário realizado oferece um rápido diagnóstico e analisa qual a melhor tributação para essa empresa que quer ampliar suas atividades. O desafio é verificar a importância da realização do planejamento tributário e os resultados possíveis sobre a situação financeira da organização em fomento.

Texto do caso

A empresa Montadito, estabelecida na cidade de Praiana, atua no mercado há cerca de 7 anos. É uma organização familiar especialista na fabricação e no comércio de produtos saudáveis e congelados no atacado. Ela pretende adentrar no varejo de produtos naturais e suplementos alimentares, nacionais e importados. São produtos de sua atual fabricação: salgados, massas e sucos.

Essa empresa tem como fornecedores produtores rurais de sua região e tem como clientes supermercados e restaurantes. No momento, conta com dez funcionários, e seu faturamento atual é de aproximado R$ 80.000,00/mês, sendo tributada pelo Simples Nacional.

Nota-se, portanto, que se trata de uma empresa pequena com potencial de crescimento.

Com base nesse cenário, comente brevemente sobre a importância do planejamento financeiro e debata a respeito da escolha da empresa Montadito pela tributação do Simples Nacional. Reflita se essa é, de fato, a melhor escolha e discorra sobre os motivos de seu posicionamento. Por fim, indique outras tributações que poderiam ser utilizadas no lugar da que é adotada atualmente, indicando as respectivas justificativas.

Resolução

O planejamento tributário é fundamental e indispensável para que as empresas não paguem impostos abusivos, sem deixar de pagar o mínimo que a lei exige.

São um conjunto de medidas que, juntas, reduzem legalmente o pagamento dos tributos, sempre com a observância das mudanças impostas pelo Fisco e da base legal.

Um planejamento eficaz requer a análise individual do tributo, podendo vislumbrar a redução de encargos tributários e os reflexos em outros impostos.

Esse planejamento deve ser feito sempre de forma lícita para que as empresas não sofram punições legais.

Uma vez que a empresa consiga se planejar, pode reduzir o pagamento de tributos e diminuir, por conseguinte, a saída de recursos que podem ser usados para investir em planos de expansão da empresa.

O Simples Nacional, escolhido pela empresa, reúne outros tributos federais, estaduais e municipais, geralmente pagando-se menos do que os outros, e de forma simplificada, pois pode ser feito em uma guia única. Esse tributo, porém, deve ser revisto periodicamente, pois só se aplica às empresas que faturam até R$ 4,8 milhões por ano, o que significa que uma empresa em expansão pode deixar de ser enquadrada nessa qualificação.

O lucro presumido é uma opção para empresas que faturam até R$ 78 milhões por ano, o que faz dessa tributação uma opção válida caso a empresa fique dentro desse faturamento, entretanto, caso extrapole, o lucro real passa a ser a opção obrigatória de recolhimento.

A mudança de tributação deve ser realizada no ano seguinte, podendo gerar prejuízos caso não seja feita, pois acarreta o acúmulo de impostos.

Dica 1
Como escolher a melhor tributação para uma empresa com base em seu faturamento?

O microempreendedor individual tem faturamento de até R$ 81 mil por ano, enquadrando-se no Simples Nacional, que é específico para micro e pequenas empresas (faturamento anual de até R$ 4,8 milhões).

No lucro presumido, podem enquadrar-se empresas com faturamento de até R$ 48 milhões por ano. Ele é indicado para empresas que estejam operando com margem líquida real superior aos limites presumidos pela legislação.

No entanto, não é recomendável para empresas de lucro baixo.

No regime de lucro real, não há restrições, mas sua aplicação é mais complexa.

Dica 2
O que o administrador-financeiro deve saber para realizar um bom planejamento tributário?

Primeiramente, deve conhecer as regras tributárias para não correr o risco de incorrer em crimes ou acumular tributos. Além disso, precisa conhecer bem a empresa e seus produtos para saber qual a melhor tributação dado o contexto geral. E é muito importante que ele entenda a incidência de impostos sobre suas operações.

Dica 3
Cuidados para não cair em evasão fiscal:

Tendo em vista que existem sanções legais previstas para quem comete evasão fiscal, é preciso atentar para o fato de que esta ocorre quando o contribuinte frauda, omite ou adultera o valor que é devido ao Fisco com fins de reduzir ou extinguir o pagamento do tributo. Existem maneiras lícitas de conseguir essa economia, então, não incorrendo em nenhuma das hipóteses apresentadas, o contribuinte está a salvo das referidas penalidades.

6

Comércio exterior

Além do que já estudamos sobre tributos e, principalmente, sobre alíquotas, as quais são importantes neste capítulo, vamos acrescentar o entendimento sobre benefícios fiscais em geral, em âmbito restrito e, também, em âmbito restrito especificamente ao comércio exterior.

Trata-se de um tema importante, pois interfere na questão das alíquotas e sua aplicação perante diversas situações na tributação, principalmente no que tange ao comércio exterior.

6.1 Relembrando o comércio exterior e o direito tributário

Ao longo dos capítulos estudados até agora, foi possível verificar que o comércio exterior é uma atividade que vem sendo executada de longa data, tendo sido ampliado para um cenário global que favoreceu o desenvolvimento de diversos países, cada qual em sua área específica de vendas.

Atualmente, o comércio internacional tem grande influência nas grandes empresas, beneficiando-as em diversos aspectos, como ganhos em escala, aumento na produtividade, e ampliação do leque de consumidores.

Entre outros benefícios, o comércio internacional é fundamental para o avanço tecnológico e para o processo de globalização. É através dele que surgem alternativas diversas de produção e muitas oportunidades de obter vantagens corporativas.

Para as nações, destacamos que os seguintes pontos positivos foram criados:

> aumento do fluxo monetário entre os países;
> ampliação do mercado de consumo;
> acesso a uma maior diversidade de mercadorias pela oferta de produtos importados;
> capacitação tecnológica do parque fabril;
> geração de empregos etc. (Poyer; Roratto, 2017, p. 9)

Além dessa premissa, examinamos, nesta obra, a diferença entre comércio exterior e comércio internacional e como um é intrínseco ao outro.

O comércio exterior é o conjunto geral das atividades de compra e venda de mercadorias e também de prestação de serviços internacional. Nesse caso, vendedor e comparador não estão no mesmo país.

Figura 6.1: **Atividades de compra e venda em âmbito internacional**

Travel mania/Shutterstok

Por sua vez, o comércio internacional é a negociação de mercadorias e serviços tanto entre países específicos quanto entre as demais nações, operando sob o escudo da legislação nacional.

Um está ligado ao outro, pois o comércio exterior é a forma de um país organizar-se politicamente e normativamente em relação a regras e regulamentos que vigoram na efetivação de operações de importação e exportação de serviços e mercadorias com o exterior, contemplando esses processos.

Vale lembrar que o recebimento da mercadoria no âmbito da importação de bens e serviços é realizado em local designado no exterior, vigorando, nessa transação, o contrato de compra e venda.

Figura 6.2: **Produtos em transporte (importação de bens)**

Como visto, para que o comércio exterior se concretize, é preciso que haja documentação eletrônica e importação sujeitas a controles especiais, utilização de despachantes especiais, acesso ao Sistema Integrado de Comércio Exterior (Siscomex), negociação com fornecedores e compradores estrangeiros. E, em alguns casos, autorização para embarque, chegada da carga ou saída da carga.

Também é preciso registro da autorização de importação ou exportação, declaração de tributos e taxas, registro de tributação e pagamento do fornecedor e pagador.

Ainda, segundo os ensinamentos de Poyer e Roratto (2017), é possível dividir o conceito de exportação em quatro aspectos: negocial, logístico, cambial e fiscal.

O Siscomex, que é responsável por operacionalizar as operações de comércio exterior no Brasil, integra de maneira *on-line* gestores, anuentes, fronteiras, bancos autorizados, entre outros.

Já ressaltamos a necessidade de prévio cadastro no Exportadores e Importadores na Secretaria de Comércio Exterior pelo próprio habilitado.

Outro ponto que esclarecemos e que vale a pena ser novamente estudado é o licenciamento das importações, cuja descrição já foi vista no Capítulo 4. Rememorando a nomenclatura de cada uma:

› dispensa de licenciamento;
› licenciamento automático;
› licenciamento não automático.

Lembramos que os pedidos devem ser registrados no sistema mencionado pelo importador ou por seu representante legal. Mas existe a opção de esse cadastro ser feito por agentes credenciados pelo Departamento de Operações de Comércio Exterior da Secretaria de Comércio Exterior e pela Secretaria da Receita Federal.

Os requisitos do processo de exportações (registro de exportação, registro de exportação simplificado, registro de venda, registro de crédito) aqui referidos também foram especificados no Capítulo 4, mas cuja nomenclatura deve ser relembrada como um fenômeno típico da exportação.

Entretanto, a lista de documentos que compõem a sistemática da exportação, que servem para transferir titularidade e posse dos produtos do exportador para o importador, merece ser novamente registrada:

> - o conhecimento de embarque;
> - a Fatura Comercial ou Commercial Invoice;
> - o Romaneio ou Packing List;
> - os Certificados (Poyer; Roratto, 2017, p. 61)

Esse procedimento é típico de importação e exportação e suas imposições legais.

Uma vez relembrado esse aspecto, passamos ao reestudo das instituições que intervêm o comércio exterior no Brasil.

Inicialmente, destacamos que a Receita Federal é um órgão específico que administra as atividades fiscalizadoras, os lançamentos de crédito e ainda faz a cobrança e o ajuizamento, quando necessários, de processos fiscais em primeira instância. Exerce também controle aduaneiro.

A Secretaria de Comércio Exterior (Secex) é subordinada ao Ministério do Desenvolvimento, Indústria e Comércio Exterior (MDIC), que exerce competência sobre a política de comércio exterior.

É ela quem regula e executa programas e atividades relativas a esse comércio, além de aplicar mecanismos de defesa comercial e a participação em negociações internacionais do mesmo. Portanto, é uma negociadora, e essa é sua função essencial.

É também primordial abordar entidades como o Departamento de Planejamento e Desenvolvimento do Comércio Exterior (Depla), que é responsável por fazer e acompanhar propostas de comércio exterior.

O órgão mais conhecido, o Banco Central do Brasil, cumpre e faz cumprir disposições que lhe foram impostas por lei, além das normas provindas da comissão de valores mobiliários.

Não menos importante é o Ministério das Relações Exteriores (MRE), que, segundo o art. 1º do Decreto n. 7.304, de 22 de setembro de 2010 (Brasil, 2010), tem competência sobre política internacional; relações diplomáticas e serviços consulares; participação nas negociações comerciais, econômicas, técnicas e culturais com governos e entidades estrangeiras; programas de cooperação internacional e de promoção comercial; apoio a delegações, comitivas e representações brasileiras em agências e organismos internacionais e multilaterais.

Por sua vez, a Câmara de Comércio Exterior (Camex) tem atribuições referentes à fixação de alíquotas e de parâmetros, além de avaliar o impacto referente ao câmbio e fisco, entre outras.

PARA SABER MAIS

O artigo "Tributações sobre ações de comércio exterior brasileiro", de Helen Cristina Cunha da Silva, publicado na revista online IPOG, trata da aplicação de tributos do comércio exterior e sumariamente sua fórmula de calcular. É um estudo acadêmico, portanto, didático para quem deseja se aprofundar. Acesse o *link*: <https://ipog.edu.br/wp-content/uploads/2020/11/helen-cristina-cunha-da-silva-11141311.pdf>. Acesso em: 22 jul. 2021.

Por fim, analisamos os impostos que têm alguma incidência sobre o comércio exterior, atendo-se principalmente a três: o Imposto de Exportação (IE), o Imposto de Importação (II) e o Imposto sobre Produtos Industrializados (IPI).

Mencionando também o Programa de Integração Social/Programa de Formação do Patrimônio do Servidor Público e Contribuição para o Financiamento da Seguridade Social (PIS/PASEP e COFINS).

Relembrados os pontos principais sobre comércio exterior, podemos seguir para a questão dos benefícios fiscais em todos os seus aspectos.

6.2 Conceito de benefícios fiscais

De início, antes de tratar-se do conteúdo pertinente aos benefícios fiscais, faz-se necessário saber qual seu significado.

Para Poyer e Roratto (2017 p. 21), "benefícios fiscais são a liberação do pagamento de impostos que incidem sobre produtos que estejam destinados a serem exportados".

Já Lacombe (1969) preconiza que sempre houve intervenção do Estado nas questões econômicas e sociais por meio de medidas fiscais, com origem durante o início do mercantilismo:

> Se acreditava na preeminência das riquezas monetárias e que os metais preciosos deveriam pertencer ao Estado; se se pretendia incentivar a entrada do ouro e evitar a saída, era necessário *organizar* a produção e o comércio de forma que a primeira fosse barata, a fim de que a produção industrial pudesse ser exportada. A importação deveria ser

inferior à exportação, uma vez que nesta diferença estava a medida da entrada do ouro. (Lacombe, 1969)

O autor esclarece que foi assim que surgiu o desestímulo às importações.

Lacombe (1969) explica que foi com o advento do liberalismo que surgiu a imposição neutra ou meramente fiscal. Entretanto, prontamente, afirma que essa primeira imposição não existe, dado o caráter político de tal feito.

Como se vê, segundo Lacombe (1969), a nomenclatura *imposto neutro* é uma falha, sendo sua utilidade demonstrar para as classes menos abastadas que impostos não são prejudiciais.

Mas o autor ainda aduz que esse imposto impede que essas classes entrem em ascensão, o que retira seu caráter de neutralidade. Entretanto, depois da Primeira Guerra Mundial, o intervencionismo teria imperado, impossibilitando que houvesse fiscalização global em razão da baixa importância desse imposto.

Mas a teoria fiscal sofreu modificações a partir de 1930, pois, com o advento da Segunda Guerra Mundial, houve aumento da carga tributária, que teria sido a causa e o efeito do aspecto extrafiscal assumido pela tal política fiscal.

Os incentivos fiscais ou benefícios fiscais são sinônimos. Sua característica é que reduzem ou eliminam, direta ou indiretamente, o ônus tributário, fruto de lei ou norma específica.

Vários pressupostos caracterizam a política de incentivos fiscais, entre eles:

> Por razões políticas (ou filosóficas, se assim se pretende) e econômicas, o sistema econômico ideal será aquele que

> se baseia o mais amplamente possível na iniciativa dos indivíduos, na propriedade individual e na liberdade de eleição do consumo; sistema, portanto, no qual o Estado desenvolva tão somente uma intervenção prévia na formação da renda e dos preços, nos planos sobre o consumo e nas atividades das empresas, assim como intervenha na generalidade dos fenômenos econômicos, adotando medidas qualitativas (seletivas) e impondo controles. (Neumark, 1964, p. 332, citado por Lacombe, 1969)

Nota-se que esse pressuposto se caracteriza pelo uso de uma intervenção do Estado em atividades prévias, que tem por viés formar renda e preços.

De acordo com Lacombe (1969), ao contrário das doutrinas clássicas e do que preconizavam certos neoliberalistas, não era possível manter essa brecha no poder exclusivo das leis mercantis.

A economia não pode estar equilibrada sobre competência que pretenda ter crescimento constante, sendo necessário que se cumpram as regras de estabilidade monetária e que exista um equilíbrio nos pagamentos.

Essa característica aborda a necessidade de intervenção além das leis de mercado, para garantir que tudo flua, pois é ilusória a ideia de que somente estas conseguem garantir automaticamente estabilidade e crescimento.

Além disso, de acordo com Neumark (1964, citado por Lacombe, 1969), ter uma política neutra de fiscalização (liberalismo clássico), que se desenvolva pela renúncia do Estado em impor medidas fiscais de finalidade não fiscal não é bom para a economia. Isso porque é necessário considerar o aumento e o destino do tributo no preço e no ingresso e, consequentemente, na demanda, mesmo que quem os crie só tenha uma finalidade fiscal.

Já essa predisposição discute sobre a posição do Estado como fiscalizador e a necessidade de se levar outros fatores em consideração.

> Com independência das medidas de política fiscal ou creditícia destinadas a aumentar as rendas, o Estado moderno há de intervir também, seja mediante uma política de gastos, seja mediante medidas que não imponham dispêndio, no volume, estrutura e ritmo da atividade econômica privada. Não existe, pois, razão para não considerar, em princípio, o imposto como um instrumento de política econômica; o essencial para que as medidas fiscais com fins não fiscais sejam nacionais é que essas medidas sejam as adequadas para lograr a realização dos fins desejados. (Neumark, 1964, p. 332, citado por Lacombe, 1969)

Isso significa que, independentemente das medidas de política fiscal ou creditícia, existe interferência do Estado em políticas de gastos e medidas que não disponham de valores, sendo o imposto nada mais que uma ferramenta para tal.

Além dessas características:

> Chamamos dirigistas àquelas medidas de política tributária que pretendem, exclusiva ou preferencialmente, favorecer ou prejudicar, mediante a imposição e por motivos meta-econômicos (políticos, sociais, militares), a determinados grupos econômicos (fazendas públicas, empresas, etc.), determinados setores da produção e do consumo,

determinadas formas de formação de capital ou de inversão do mesmo. Na falta de uma concepção geral, uma das características do dirigismo é o seu caráter fragmentário.

O intervencionismo fiscal se caracteriza por operar na economia global do país e por perseguir de um modo sistemático certas medidas de caráter geral. Visa a alto nível de emprego, diminuição das diferenças de renda individual. (Neumark, 1964, p. 332, citado por Lacombe, 1969)

Essa última medida aborda a questão do dirigismo, o qual não apresenta caráter de planejamento global, tão somente setorial, diferentemente do intervencionismo que expande esse planejamento.

Então, diante dessa explicação, Lacombe (1969) afirma que a política de estímulos fiscais brasileira é o dirigismo, e não o intervencionismo, por não seguir um plano global. Afinal, essa política lida com o oferecimento de soluções de problemas diversos que não necessariamente relacionem-se.

O benefício fiscal é utilizado pelos governos com a finalidade de promover desenvolvimento econômico e social por meio de estímulo a determinados grupos comerciais.

PERGUNTAS E RESPOSTAS

De que forma é feito esse incentivo?

O incentivo é feito por meio da diminuição das alíquotas ou pela isenção e/ou compensação de pagamentos de tributos.

Nesse contexto, as organizações podem utilizar esse valor que seria para investir em seu próprio corpo organizacional. Isso gera empregos e faz a economia movimentar-se.

Atualmente, esse mecanismo atinge, nas três esferas do governo, certos tributos, tais como: Contribuição Social sobre o Lucro Líquido (CSLL), Imposto de Renda Pessoa Jurídica (IRPJ), Imposto sobre Produtos Industrializados (IPI), Imposto sobre Circulação de Mercadorias e Serviços (ICMS), Imposto Predial e Territorial Urbano (IPTU), entre outros.

Em cada um dos tributos, podem recair vários incentivos, os quais, geralmente, não são cumulativos, necessitando que a empresa opte pelo mais adequado ao que precisa de maior economia.

EXERCÍCIO RESOLVIDO

Há algumas maneiras de se conceder isenção de tributos aos contribuintes. Os benefícios fiscais podem ser considerados uma delas. Essa espécie de isenção somente é ofertada em casos específicos previstos em lei, oferecendo vantagem ou desagravamento fiscal. Tendo isso em vista, referente ao conceito geral de benefícios fiscais, assinale a alternativa correta:

a) Os benefícios fiscais traduzem-se pela oneração dos impostos incidentes sobre os preços dos produtos quando destinados à exportação.

b) Os benefícios fiscais traduzem-se pela dupla incidência dos impostos sobre os preços dos produtos quando destinados à exportação.

c) Os benefícios fiscais traduzem-se pelo prazo de carência sobre os impostos incidentes sobre os preços dos produtos quando destinados à exportação.

d) Os benefícios fiscais traduzem-se pela desoneração dos impostos incidentes sobre os preços dos produtos quando destinados à exportação.

> Gabarito: D
> *Feedback* do exercício: O objetivo desse tipo de incentivo é não onerar impostos que incidam sobre produtos quando destinados à exportação, com vistas a dar apoio para que as empresas se tornem fortes e competitivas internacionalmente, além de ampliar o comércio exterior e o leque de produtos comercializados.

Para todos os efeitos, os regimes aduaneiros são considerados incentivos fiscais, conforme aduzem Figueredo et al. (2014). Esses regimes dividem-se em regimes **aplicados** e regimes **especiais**.

São, assim como os demais benefícios, incentivos às exportações, abrangendo operações ligadas à importação e exportação, tais quais a suspensão de tributos federais, estaduais e municipais.

Melhor esclarecendo, os regimes aduaneiros se classificam como incentivos aduaneiros, pois oferecem benefícios que permitem exportações e importações de produtos com benefícios fiscais. Além disso, denotam muitas opções de logística, incentivando o comércio exterior e logística internacional.

A exportação brasileira conta com características específicas de incentivos, como a desoneração de alguns tributos, a possibilidade da aquisição de mercadorias a preços menores por meio do Drawback e a obtenção de financiamentos a juros internacionais. Tudo isso com a intenção de que os produtos exportados cheguem ao mercado externo em condições competitivas (Barbosa, 2006, citado por Figueredo et al. 2014, p. 2)

Os incentivos fiscais são de fato opção para os administradores pouparem custos e utilizarem a melhor maneira de exportar.

Conforme preconizam Figueredo et al. (2014), eliminando os tributos, crescem as chances de o produto chegar ao mercado internacional com capacidade competitiva, e isso faz com que haja investimento no setor privado, o que impulsiona o crescimento do país.

Para as empresas brasileiras, o conjunto de incentivos é muito importante, pois dão suporte para competirem internacionalmente em pé de igualdade.

Certos incentivos vêm por meio de um conjunto de dificuldades momentâneas, e outros simplesmente para dar impulso ao crescimento da economia por meio de estímulos setoriais.

Ao optar por exportar seus produtos ou serviços, a empresa já não mais depende tanto do mercado interno. Com a utilização de benefícios, seguindo um bom planejamento, é possível reduzir custos e se destacar no desempenho.

Figura 6.3: **Produtos prontos para serem exportados aguardando na região portuária**

yuda chen/Shutterstock

A Figura 6.3 mostra como são armazenados os produtos para serem transportados em navios. Tanto os bens que chegam ao país quanto os que saem de navio para o exterior nesse meio de transporte são guardados assim.

Mas não basta somente o planejamento econômico:

> Para que esse objetivo consiga ser concretizado e a entrada no mercado internacional seja considerado um esforço válido, é essencial que a empresa busque, além de estar ciente de todas as diversidades culturais, conhecer e utilizar os diversos incentivos existentes para o processo de exportação (Figueredo, et al., 2014, p. 2)

É necessário, então, um vasto conhecimento de todo processo para que os incentivos surtam o efeito desejado, sendo preciso avaliar a melhor alternativa para ingressar no comércio e na distribuição de produtos no exterior.

Destarte, uma vez que se identifique e procure conhecer características, beneficiários e legislação pertinente aos incentivos disponíveis, bem como regimes aduaneiros, a empresa tem chances de sucesso na competição internacional do comércio exterior.

Lembramos que, conforme explicam Figueredo et al. (2014), os referidos incentivos fiscais encontraram-se dispostos em diferentes manuais, documentos e publicações do Ministério do Desenvolvimento Indústria e Comércio Exterior (MDIC), da Secretaria de Comércio Exterior (Secex) e da Receita Federal do Brasil (RFB).

6.2.1 Benefícios fiscais de âmbito restrito

Benefícios fiscais de âmbito restrito são os benefícios oferecidos por certa esfera governamental e que se ajustam somente a determinadas regiões, atividades e/ou setores, sendo restritos por lei a estes.

Vejamos, então, os incentivos em cada esfera governamental: os incentivos federais encontram-se disponíveis para empresa que se localizem em um dos estados brasileiros, independentemente de qual.

O requisito para gozar desse benefício é que seja tributado do regime Lucro Real.

São alguns benefícios dessa esfera: autorização de importação com redução do Imposto de Importação para linhas usadas; desoneração do IPI para máquinas e equipamentos; e Programa de Apoio ao Desenvolvimento Tecnológico da Indústria de Semicondutores (Padis).

São alguns órgãos que geralmente envolvem-se com o oferecimento desses benefícios: a Financiadora de Estudos e Projetos (Finep), o Ministério da Indústria, Comércio Exterior e Serviços e a Receita Federal do Brasil.

Trata-se de incentivos estaduais os que se restringem às empresas que se localizam em cada unidade federativa. Isso porque os estados são autônomos e podem decidir como e quais regras serão aplicadas nesses casos.

EXEMPLIFICANDO

São incentivos fiscais estaduais os programas de incentivo e de desenvolvimento que visem fomentar crescimento de certa atividade dentro do Estado que precise de algum impulso financeiro para tal.

O Estado de Permambuco, por exemplo, instituiu o Programa de Desenvolvimento Econômico do Estado de Pernambuco (Prodepe), que visa fomentar incentivos às indústrias e aos atacadistas, oferecendo, para tanto, benefício de crédito presumido.

Por sua vez, o Estado de São Paulo conta com o Programa de Incentivo ao Investimento pelo Fabricante de Produtos da Indústria de Processamento Eletrônico de Dados (Pró-Informática), que oferece a possibilidade do uso de crédito acumulado de ICMS. Esse benefício objetiva fomentar a implementação de projetos diversos.

Os benefícios fiscais não são concedidos de forma aleatória, todos tinham uma finalidade específica, de acordo com o interesse da entidade que o concedeu.

Por sua vez, os incentivos regionais são usados apenas para determinadas regiões, em razão das peculiaridades a elas inerentes. Como exemplo, podemos citar a Zona Franca de Manaus, que visa fomentar o desenvolvimento da Amazônia Ocidental, e as Zonas de Processamento de Exportação (ZPEs), que são áreas de livre comércio com o exterior e são implantadas em locais menos desenvolvidos.

Noutro turno, os incentivos municipais são definidos por parte da administração de cada cidade. É necessário procurar a Secretaria Municipal da Fazenda para saber se determinado município, que seja sede de certa empresa, oferece algum benefício de redução ou isenção de impostos.

Já os benefícios fiscais setoriais ocorrem quando as empresas conseguem um abatimento do Imposto de Renda, ou de outro tributo, quando fomentam atividades que desenvolvem ou que terceiros as realizem. São exemplos a Lei de Inovação Tecnológica e a Lei Rouanet.

> Como exemplo, temos a **Lei de Inovação Tecnológica**, na qual a própria empresa tem redução no valor do IPI para aquisição de máquinas e equipamentos, e a **Lei Rouanet**, na qual a empresa destina uma parcela do IRPJ devido para projetos culturais ou artísticos (Fernandes, 2019, s.p., grifo do original)

Esses incentivos são destinados a colaborar com a redução de gastos nas empresas, contribuindo com a maximização das oportunidades de redução de impostos.

Existem, no entanto, outros tantos tipos de incentivos fiscais. Podemos citar, por exemplo, o que tem por escopo o reflorestamento. É o caso do que ocorre na Lei n. 5.106/1966, que prevê o investimento em propriedades rurais e garante a redução do imposto de renda.

Acontece da seguinte forma, como bem elucida Lacombe (1969): as pessoas físicas podem abater os valores aplicados em florestamento e reflorestamento de sua renda bruta. Entretanto, isso não pode ultrapassar 50% da renda bruta integral. E também podem abater 50% do valor do Imposto de Renda se ficar comprovado que essa importância foi usada para tal finalidade.

Sendo consideradas, para tanto, como despesas de reflorestamento:

> a) na elaboração de projeto técnico;
>
> b) no preparo das terras;
>
> c) na aquisição de sementes;
>
> d) no plantio;
>
> e) na proteção;
>
> f) na vigilância;
>
> g) na administração de viveiros e florestas;
>
> h) na abertura e conservação de caminhos e serviços.
>
> (Lacombe, 1969)

Entretanto, nesse caso, a referida lei faz algumas exigências da pessoa jurídica ou física que queira auferir esses benefícios.

O modelo citado tem como viés somente apontar que os incentivos não são exclusividade dos empreendedores.

EXERCÍCIO RESOLVIDO

Os estímulos fiscais são um incentivo oferecido pelo governo para que a economia receba um "gás extra". Ele pode, inclusive, estimular um setor específico por meio da redução de impostos ou do aumento de gastos públicos. Sobre o conceito geral da política de estímulos fiscais brasileira, assinale a alternativa correta:

a) É possível afirmar que a política de estímulos fiscais brasileira é o dirigismo, e não o intervencionismo, isso por não seguir um plano global.

b) É possível afirmar que a política de estímulos fiscais brasileira é o intervencionismo, e não o dirigismo, isso por não seguir um plano global.

c) É possível afirmar que a política de estímulos fiscais brasileira é o dirigismo, e não o intervencionismo, isso por seguir um plano global.

d) É possível afirmar que a política de estímulos fiscais brasileira é o intervencionismo, e não o dirigismo, isso por seguir um plano global.

Gabarito: A

Feedback do exercício: O dirigismo não tem caráter de planejamento global, apenas setorial; é o intervencionismo que expande esse planejamento. No Brasil, segue-se um plano de escala setorial, e não o plano de escalda global, sendo a política de estímulos fiscais brasileira o dirigismo.

Portanto, o que podemos concluir sobre os incentivos fiscais é que se trata de uma forma de isenção fiscal, que, embora seja necessária, uma vez oferecida pelo governo, pode também gerar um déficit.

6.2.2 *Benefícios fiscais de âmbito restrito ao comércio exterior*

Existem benefícios fiscais que estão restritos ao comércio exterior. Com esse tipo de incentivo, pretende-se, segundo Ferreira et al. (2004), oferecer suporte para que os exportadores encontrem linhas de crédito e incentivos financeiros adequados ao que necessitam.

Os incentivos oferecidos no comércio exterior são destinados à exportação e, de acordo com esses autores, essas medidas são benéficas para o exportador por reduzirem a carga tributária. Os incentivos são aplicados nos produtos que serão enviados para o exterior e para venda interna que se destine à exportação, ainda, à empresa que seja responsável pelo comércio exterior.

Sendo considerados, para todos os fins, como incentivos os seguintes:

> *Imunidade*: é prevista na Constituição Federal e age impedindo a incidência da norma que prevê o tributo.
> *Isenção*: é prevista em lei, ou seja, a dispensa legal de recolher certo tributo, advém de dispositivo definido em lei, e como tal, inferior à Constituição Federal.
> *Não incidência*: dá-se a não incidência quando o fato ocorrido não apresenta identidade com os elementos da norma, ou seja, quando a norma que prevê a incidência não é aplicável ao caso.

> *Ressarcimento de Créditos*: o ressarcimento é a recuperação do valor do tributo pago em forma de crédito a ser utilizado no pagamento de outro tributo.
>
> *Manutenção de Créditos*: a manutenção de créditos significa recuperação do valor do tributo pago em forma de crédito a ser utilizado no pagamento do mesmo tributo em outra operação. Drawback: é a devolução de direitos de importação sobre matérias-primas em manufaturas a serem exportadas (Ferreira et al., 2004, p. 4, grifo do original)

E são classificados quanto a:

> › Isenção de pagamento de IPI;
> › Isenção e não incidência de ICMS;
> › Suspensão de pagamento de IPI;
> › Desoneração de PIS e COFINS;
> › Manutenção de créditos fiscais de IPI e de ICMS nas compras de insumos dos produtos exportados;
> › Importação sob regime de "drawback". (Ferreira et al., 2004, p. 4)

Vejamos, agora, as disposições existentes sobre os itens dessa classificação, a começar pela isenção do Imposto Sobre Produtos Industrializados (IPI).

É o disposto na Constituição Federal (CF) de 1988:

> Art. 153. Compete à União instituir impostos sobre:
>
> [...]
>
> IV – produtos industrializados;
>
> [...]
>
> § 3º O imposto previsto no inciso IV:
>
> [...]

III – não incidirá sobre produtos industrializados destinados ao exterior. (Brasil, 1988)

Portanto, os produtos industrializados destinados ao exterior são imunes à cobrança do referido imposto.

O próximo item refere-se à não incidência do Imposto de Circulação de Mercadorias e Serviços (ICMS).

Sobre ele, a Carta Magna prevê:

> Art. 155. Compete aos Estados e ao Distrito Federal instituir impostos sobre:
>
> [...]
>
> II – operações relativas à circulação de mercadorias e sobre prestações de serviços de transporte interestadual e intermunicipal e de comunicação, ainda que as operações e as prestações se iniciem no exterior;
>
> [...]
>
> X – não incidirá:
>
> a) sobre operações que destinem mercadorias para o exterior, nem sobre serviços prestados a destinatários no exterior, assegurada a manutenção e o aproveitamento do montante do imposto cobrado nas operações e prestações anteriores. (Brasil, 1988)

Dessa forma, sobre os produtos industrializados exportados não há incidência desse tributo.

Seguindo para o próximo item, sobre a manutenção de créditos fiscais do IPI e do ICMS, assegurados pelo art. 1º da Lei n. 8.402, de 8 de janeiro de 1992:

> Art. 1º São restabelecidos os seguintes incentivos fiscais:
>
> [...]

II – manutenção e utilização do crédito do Imposto sobre Produtos Industrializados relativo aos insumos empregados na industrialização de produtos exportados, de que trata o art. 5º do Decreto-Lei nº 491, de 5 de março de 1969.

III – crédito do Imposto sobre Produtos Industrializados incidente sobre bens de fabricação nacional, adquiridos no mercado interno e exportados de que trata o art. 1º, inciso I, do Decreto-Lei nº 1.894, de 16 de dezembro de 1981. (Brasil, 1992b)

Também é o que dispõe o art. 3º da Lei Complementar n. 65, de 15 de abril de 1991:

> Art. 3º Não se exigirá a anulação do crédito relativo às entradas de mercadorias para utilização como matéria-prima, material secundário e material de embalagem, bem como o relativo ao fornecimento de energia e aos serviços prestados por terceiros na fabricação e transporte de produtos industrializados destinados ao exterior.
>
> Parágrafo único. Para os efeitos deste artigo, equipara-se a saída para o exterior a remessa, pelo respectivo fabricante, com o fim específico de exportação de produtos industrializados com destino a:
>
> I – empresa comercial exportadora, inclusive tradings, ou outro estabelecimento do fabricante;
>
> II – armazém alfandegado ou entreposto aduaneiro; (Brasil, 1991)

É cediço que se assegura a manutenção e a utilização dos créditos nos casos estudados. Em seguida, vejamos o incentivo que garante a isenção de pagamento do Programa de Integração Social (PIS) e de Formação do Patrimônio do Servidor Público (PASEP).

Esse benefício está amparado pelo art. 5º da Lei n. 10.637, de 30 de dezembro de 2002:

> Art. 5º A contribuição para o PIS/PASEP não incidirá sobre as receitas decorrentes das operações de:
> I – exportação de mercadorias para o exterior;
> II – prestação de serviços para pessoa física ou jurídica residente ou domiciliada no exterior, cujo pagamento represente ingresso de divisas;
> III – vendas a empresa comercial exportadora com o fim específico de exportação. (Brasil, 2002)

A Lei n. 10.833, de 29 de dezembro de 2003 (Brasil, 2003b), limita a aplicação da isenção do PIS/PASEP para empresas que se enquadrem como:

> pessoas jurídicas tributadas pelo imposto de renda com base no lucro presumido ou arbitrado; pessoas jurídicas optantes pelo Simples; pessoas jurídicas imunes a impostos; pessoas que têm receitas decorrentes das operações sujeitas à substituição tributária da contribuição para o PIS/Pasep, de prestação de serviços de telecomunicações, de sociedades cooperativas e receitas decorrentes de prestação de serviços das empresas jornalísticas e de radiodifusão sonora e de sons e imagens etc. (Ferreira et al., 2004, p. 7)

Em conformidade com a Lei n. 1.940, de 25 de maio de 1982, ficam isentas as exportações de contribuir com o Fundo de Investimento Social:

> Art. 1º. Fica instituída, na forma prevista neste decreto-lei, contribuição social, destinada a custear investimentos de caráter assistencial em alimentação, habitação popular, saúde, educação, justiça e amparo ao pequeno agricultor.
> [...]
> § 3º A contribuição não incidirá sobre a venda de mercadorias ou serviços destinados ao exterior, nas condições estabelecidas em Portaria do Ministro da Fazenda. (Brasil, 1982)

Já a Contribuição para o Financiamento da Seguridade Social (Cofins), não terá incidência sobre as hipóteses a seguir, à luz da Lei n. 10.833/2003:

> Art. 6º A COFINS não incidirá sobre as receitas decorrentes das operações de:
> I – exportação de mercadorias para o exterior;
> II – prestação de serviços para pessoa física ou jurídica residente ou domiciliada no exterior, cujo pagamento represente ingresso de divisas;
> III – vendas a empresa comercial exportadora com o fim específico de exportação. (Brasil, 2003b)

Prosseguindo, o ressarcimento do PIS/PASEP e da COFINS de acordo com a Lei n. 9.363, de 13 dezembro de 1996:

> Art. 1º. A empresa produtora e exportadora de mercadorias nacionais fará jus a crédito presumido do Imposto sobre Produtos Industrializados, como ressarcimento das contribuições de que tratam as Leis Complementares nos 7, de 7 de setembro de 1970, 8, de 3 de dezembro de 1970, e 70, de 30 de dezembro de 1991, incidentes sobre as respectivas

> aquisições, no mercado interno, de matérias-primas, produtos intermediários e material de embalagem, para utilização no processo produtivo.
>
> [...]
>
> Art. 4º Em caso de comprovada impossibilidade de utilização do crédito presumido em compensação do Imposto sobre Produtos Industrializados devido, pelo produtor exportador, nas operações de venda no mercado interno, far-se-á o ressarcimento em moeda corrente. (Brasil, 1996)

Resta evidente que, para a empresa produtora e exportadora de mercadorias nacionais, é salvaguardada a recuperação das contribuições.

O último item listado refere-se ao regime aduaneiro especial de Drawback, que se apresenta em duas modalidades: a primeira é a suspensão, segundo Ferreira et al. (2004), do pagamento dos tributos que são exigidos na importação. Isso é feito até que se prove que esse produto foi exportado depois de esse benefício ter sido concedido ou ter sido destinado para fabricação ou outra atividade que será exportada como acondicionamento.

Já na isenção, não são pagos os tributos, pois o exportador é isento, e isso constitui um benefício.

Atualmente, a Portaria n. 44, de 24 de julho de 2020 (Brasil, 2020), dispõe resumidamente sobre:

Drawback suspensão – aspectos gerais:

- concessão do regime de Drawback suspensão;
- solicitação;
- análise;

- prazo de vigência;
- alterações do ato concessório de Drawback suspensão;
- operações realizadas ao amparo do regime de Drawback suspensão;
- importações e aquisições no mercado interno;
- exportações;
- incidentes;
- encerramento.

Drawback isenção – disposições gerais:

- concessão do regime de Drawback isenção;
- solicitação;
- análise;
- encerramento.

Regimes atípicos de Drawback:

- Drawback para a industrialização de embarcações;
- Drawback para fornecimento no mercado interno em decorrência de licitações;
- Outras disposições – Declaração Única de Exportação (DUE).

O QUE É?

Drawback é a restituição para o exportador dos impostos alfandegários arrecadados na importação da matéria-prima que é usada para fabricar produto exportado.

No que tange às vantagens que podem ser adquiridas com o uso desse benefício, temos:

> O maior benefício fornecido pelo Drawback é possibilitar que os empresários brasileiros comprem matéria-prima e insumos sem impostos, ganhando maior competitividade no mercado internacional. Afinal, com um custo de produção reduzido, eles serão capazes de oferecer melhores preços e aumentar a sua margem de lucro. (Grupo Serpra, 2019)

A referida imunidade encontra amparo na Emenda Constitucional n. 33/2001 e imuniza receitas decorrentes de exportação em relação às contribuições sociais e intervenções de domínio econômico.

São ainda, de acordo com Ferreira et al. (2004), incentivos financeiros a exportação os concedidos pelo governo brasileiro às empresas exportadoras. Trata-se de financiamentos de curto e longo prazos.

No primeiro caso, são feitos sob a égide cambial vigente para exportações, e no segundo, a juros cujo subsídio advém do governo federal.

Existem diversos tipos de financiamentos no mercado, sendo eles:

> programas pré-embarques que cooperam com a produção em grande escala da empresa; programas pós-embarque que ajudam o exportador a fidelizar o cliente dando-lhe maior prazo para pagamento e recebendo o dinheiro de imediato; financiamentos a curto e a longo prazo; e diversas composições de juros. (Ferreira et al., 2004, p. 11)

O fundamento principal para a criação desses incentivos é incrementar as exportações, facilitando o processo de implementação de produtos internacionalmente.

No que se refere ao Adiantamento Sobre o Contrato de Câmbio (ACC), é feita a antecipação dos recursos em moeda nacional corrente, dada a possibilidade de uma exportação futura. Entretanto, o pagamento é feito em moeda estrangeira.

Esse incentivo é realizado no momento do pré-embarque e tem por fim injetar recursos na produção, no acondicionamento e nas despesas de embarque dos produtos.

São benefícios desse incentivo:

> obtenção de recursos para produzir os bens destinados à exportação a um custo financeiro reduzido (taxas de juros internacionais);
> capital de giro de até 360 dias antes do embarque do bem exportado (ACC);
> as vendas ao exterior realizadas a prazo (até 180 dias) são recebidas à vista pelo exportador; e
> isenção do Imposto sobre operações financeiras (IOF) (Ferreira et al., 2004, p. 12)

Já o Adiantamento Sobre Cambiais Entregue (ACE), explicam Ferreira et al., (2004), trata-se de uma antecipação de recursos em moeda nacional que é dada ao exportador por consequência de um pagamento futuro em moeda estrangeira.

Mas a concretização desse feito só ocorre depois do embarque de mercadoria para o exterior, que deve ser realizada pela transferência dos documentos e direitos sobre a venda a prazo ao Banco do Brasil.

Os objetivos que se pretendem alcançar por meio desse incentivo são iguais aos do Adiantamento Sobre o Contrato de Câmbio, sendo as vantagens:

> as vendas ao exterior realizadas a prazo (até 180 dias) são recebidas à vista pelo exportador; e
> isenção do IOF (Ferreira et al., 2004, p. 12)

Na sequência, os autores elucidam que o programa de financiamento ao exportador de bens e serviços brasileiros (Proex) é realizado unicamente pelo Banco do Brasil, utilizando recursos do Tesouro Nacional.

O prazo para quitar o financiamento é de, no máximo, 10 anos, a depender do produto comercializado ou do tipo de serviço feito sobre venda a prazo.

São vantagens desse serviço:

> concessão de prazo ao importador, com recebimento à vista pelo exportador;
> acesso facilitado ao crédito, sem necessidade de intermediários;
> rapidez na aprovação;
> não há taxa de administração para a concessão do crédito; e
> operacionalização simplificada nos financiamentos de curto prazo e não há limite mínimo de valor ou de quantidade de mercadoria por operação ou embarque. (Ferreira et al., 2004, p. 13)

Os programas de incentivo às exportações contam com a ajuda do Banco Nacional Desenvolvimento Econômico e

Social (BNDES) no financiamento de empreendimentos maiores e de infraestrutura.

O Fundo de Garantia para a Promoção da Competitividade (FGPC) é um incentivo criado pela Lei n. 9.531/1997, cuja finalidade é a garantia de que parte do risco de crédito das organizações financeiras na operacionalização de micro, pequenas e médias empresas exportadoras usem linhas de financiamento do BNDES.

Esse tipo de incentivo entende as empresas da seguinte maneira:

> *Microempresas*: receita operacional bruta anual até R$ 1.200 mil (um milhão e duzentos mil reais).
> *Pequenas Empresas*: receita operacional bruta anual superior a R$ 1.200 mil (um milhão e duzentos mil reais) e inferior ou igual a R$ 10.500 mil (dez milhões e quinhentos mil reais).
> *Médias Empresas*: receita operacional bruta anual superior a R$ 10.500 mil (dez milhões e quinhentos mil reais) e inferior ou igual a R$ 60 milhões (sessenta milhões de reais).
> *Grandes Empresas*: receita operacional bruta anual superior a R$ 60 milhões (sessenta milhões de reais). (Ferreira et al., 2004, p. 13-14)

As decisões que envolvem garantias, incluindo a utilização do Fundo de Aval (FGPC), são da instituição financeira ao aprovar a operação.

Dando seguimento, o Seguro de Crédito à Exportação tem a finalidade de proteger "as exportações brasileiras de bens e serviços contra os riscos comerciais, políticos e extraordinários que possam afetar as transações econômicas e financeiras vinculadas a operações de crédito à exportação" (Ferreira et al., 2004, p. 15).

Esse seguro é feito pela Seguradora Brasileira de Crédito à Exportação, tendo como acionista: "o Banco do Brasil, o BNDES, o Bradesco Seguros, a Sul América Seguros, a Minas Brasil Seguros, o Unibanco Seguros e a Coface" (Ferreira et al., 2004, p. 15).

Oferece-se, por esse serviço, a cobertura de seguro às exportações nas vendas futuras.

São, entre outras, garantia para financiamentos à exportação:

> › "SUPPLIER'S CREDIT": (Crédito para o vendedor / exportador) – a apólice é emitida em favor do exportador. O próprio exportador concede crédito ao seu cliente no exterior. Porém, o exportador poderá solicitar um refinanciamento (podendo ser feito através do desconto dos títulos de crédito oriundos da operação de exportação), transferindo ao banco financiador o direito às indenizações cobertas pela apólice de seguro.
> › "BUYER'S CREDIT": (Crédito para o comprador / importador)–Apólice é emitida em favor dos bancos. O exportador recebe o pagamento à vista de seu comprador, que obtém um financiamento junto ao banco financiador. (Ferreira et al., 2004, p. 15)

São as principais vantagens desse seguro:

> *Prevenção*: a seguradora tem à disposição, on-line, uma rede internacional de agências de informações financeiras

e comerciais possibilitando a avaliação e acompanhamento da efetiva capacidade de pagamento do importador;

Competitividade: possibilita ao exportador vendas seguras em prazos compatíveis com os praticados pelos concorrentes no mercado internacional;

Cobrança: o seguro de crédito funciona também como um instrumento de cobrança;

Garantia para financiamento: a apólice pode também ser utilizada como garantia para financiamentos à exportação, nas modalidades pós-embarque, tais como: ACE, PROEX e BNDES-Exim pós-embarque;

Ampliação do crédito: devido à parceria com alguns bancos na aceitação da apólice como garantia para financiamento;

Relacionamento comercial: a exportação segurada normalmente evita que o importador seja obrigado a utilizar sua própria garantia e impactar o limite de crédito em sua instituição bancária;

Ampliação de novos mercados: o seguro de crédito à exportação dá a tranquilidade necessária ao exportador para vender a novos clientes e mercados e ampliar as relações comerciais já existentes;

Tratamento diferenciado: no caso de inadimplência do importador: As exportações seguradas poderão ter seu câmbio prorrogado por até 180 dias após o vencimento, pelo Banco Central do Brasil;

Contábil: poderão ser reduzidas as provisões de perdas em contas a receber; e

Indenização: o seguro de crédito garante ao exportador a recuperação de suas perdas líquidas, em percentuais pré-estabelecidos, conforme o tipo de cobertura contratada–riscos comerciais de curto prazo; riscos comerciais de médio e longo prazos e riscos políticos e extraordinários. (Ferreira et al., 2004, p. 15-17)

Esses incentivos buscam estimular que as empresas se tornem mais competitivas investindo em si próprias, uma vez que possam reduzir custos dos produtos vendidos.

EXERCÍCIO RESOLVIDO

Alguns impostos são de competência exclusiva de determinados entes federativos, podendo ser eles um ou mais, ou até de todos, e é obrigação destes tanto instituí-los quanto cobrá-los. Segundo o art. 155 da CF/1988, compete aos estados e ao Distrito Federal instituir impostos sobre:

a) operações relativas à estagnação de mercadorias e sobre prestações de serviços de transporte interestadual e intermunicipal e de comunicação, ainda que as operações e as prestações se iniciem no exterior.

b) operações relativas à circulação de mercadorias e sobre prestações de serviços de transporte interestadual e intermunicipal e de comunicação, ainda que as operações e as prestações se iniciem no exterior.

c) operações relativas ao armazenamento de mercadorias e sobre prestações de serviços de transporte interestadual e intermunicipal e de comunicação, ainda que as operações e as prestações se iniciem no exterior.

d) operações relativas à conservação de mercadorias e sobre prestações de serviços de transporte interestadual e intermunicipal e de comunicação, ainda que as operações e as prestações se iniciem no exterior.

> Gabarito: B
> *Feedback* do exercício: Os impostos de competência dos estados e do Distrito Federal incidem sobre circulação de mercadorias, e não sobre estagnação, armazenamento ou conservação destas.

O oferecimento de certas vantagens para as empresas é importante para que elas cresçam, e, uma vez que se desenvolvam, isso obviamente beneficia o país, que crescerá com elas.

6.3 Benefícios fiscais do agronegócio

Nesse ponto específico do estudo, analisaremos as benfeitorias práticas da aplicação dos benefícios fiscais tomando o agronegócio como cenário.

Sob um panorama geral, a agroindústria impulsiona a economia do país, sendo responsável por grande parte da importação e exportação.

A grande quantidade de mercadorias e as variações na oferta alteram a formação de seus preços. Por isso, é preciso que haja mecanismos que as deixem à altura para a competição no exterior.

Nesse sentido, Campos e Ponciano (2003) aduzem que existem distorções no sistema tributário que acabam por penalizar a competitividade de empresas exportadoras no Brasil, e os benefícios fiscais são determinantes para incentivar maior competitividade. Segundo Campos e Ponciano (2003), as atividades que têm maior capacidade de exportação são as que deveriam ganhar maiores incentivos fiscais do governo.

Como dito, no Brasil, a agroindústria é muito forte e compõe parte significativa do comércio exterior, e, por isso, esse procedimento será analisado mais detalhadamente.

Nesse sentido, Cunha e Soares (2019) aduzem que, no ano de 2017, o agronegócio teria sido responsável pelo superávit da balança comercial, colaborando com o equilíbrio do câmbio e com a baixa inflação daquele período. Representou, ainda, 41% das exportações realizadas pelo país.

Define-se *agricultura* da seguinte maneira:

> A agricultura convencional define-se como um conjunto de processos da cadeia produtiva agropecuária, marcado pela monocultura, pela concentração de fatores de produção, notadamente a terra, e pela utilização de práticas tecnicistas desenvolvidas pela Revolução Verde, após a segunda grande guerra. (Cunha; Soares, 2019, p. 47)

Essa atividade envolve o uso de agrotóxicos, fertilizantes e sementes, que são insumos não originados da atividade rural.

Trata-se o agronegócio de uma soma de cadeias produtivas que engloba produção e distribuição dos insumos ao comércio de alimentos, energia etc.

Como conceito de *agrotóxicos*, no Brasil, temos:

> os produtos e os agentes de processos físicos, químicos ou biológicos, destinados ao uso nos setores de produção, no armazenamento e beneficiamento de produtos agrícolas, nas pastagens, na proteção de florestas, nativas ou implantadas, e de outros ecossistemas e também de ambientes

> urbanos, hídricos e industriais, cuja finalidade seja alterar a composição da flora ou da fauna, a fim de preservá-las da ação danosa de seres vivos considerados nocivos. (Cunha; Sores, 2019, p. 47-48)

Também pode conceituar-se como:

> substâncias e produtos, empregados como desfolhantes, dessecantes, estimuladores e inibidores de crescimento;(Brasil, 1989, art 2, I, alíneas "a" e "b", Lei 7802/89). (Cunha; Soares, 2019, p. 48)

De qualquer forma, seu uso na agricultura, embora reduza o tempo de produção e aumente a quantidade desta, é prejudicial à saúde e ao meio ambiente. No entanto, garante mais segurança ao produtor de que não terá prejuízos em sua safra, aumentando sua produção e seu lucro.

No final da década de 1960, o consumo desses agentes aumentou muito em razão da isenção de tributos, como "o antigo Imposto de Circulação de Mercadoria (ICM), o Imposto de Produtos Industrializados (IPI) e dos tributos de importação de produtos e aviões de uso agrícola" (Cunha; Soares, 2019, p. 48). Como visto, foi uma política de incentivo.

Nesse contexto, no Brasil, a produção agrícola com uso de agrotóxicos é menos custosa, pois a demanda laboral é menor, mas pode afetar a saúde a longo prazo.

Então, os benefícios fiscais visam dimensionar esse impacto na arrecadação pecuniária da Fazenda Pública.

Os tributos que desoneram o uso de agrotóxicos são:

> os impostos e as contribuições especiais dentre as espécies tributárias, notadamente, os impostos sobre circulação de mercadorias e serviços interestaduais, intermunicipais e de comunicação – ICMS, sobre produtos industrializados – IPI, sobre a importação – II e sobre a renda e proventos de qualquer natureza – IR; e as contribuições, para Financiamento da Seguridade Social (Cofins) e para o Programa de Integração Social e para o Programa de Formação do Patrimônio do Servidor Público (PIS/Pasep). Desses tributos o ICMS é competência dos estados e do Distrito Federal e os outros de competência da União. (Cunha; Soares, 2019, p. 49)

No Brasil, o enfoque dado à desoneração fiscal é legal, sendo amparado pela legislação tributária. No entanto, no caso do ICMS, ocorre uma renúncia fiscal, caracterizando, então, um gasto tributário.

Esse imposto incide sobre o consumo e não pode ser cumulado, mas pode ser seletivo em face da essencialidade do bem ou serviço objeto de sua incidência. Ressaltamos, ainda, segundo Cunha e Soares (2019), que a base de cálculo desse imposto está integrada neste, já incidindo.

Até 2019, foi o tributo que mais teve arrecadação no Brasil e por isso sua importância para este estudo. "Para a instituição do ICMS os Estados e o Distrito Federal devem observar algumas regras gerais fixadas na Lei Complementar 87 de 1996 editada pela União, além de se observar a Constituição" (Cunha; Soares, 2019, p. 51).

O instrumento usado para conceder o benefício fiscal referente ao ICMS é o convênio estabelecido pelo Confaz, que é um órgão colegiado composto por representantes das secretarias de fazenda estaduais e do Distrito Federal.

É possível aplicar esses benefícios para estimular determinado setor da economia por diversas razões, dado o princípio da seletividade.

Em consequência disso, desoneram-se os agrotóxicos, pois integram insumos necessários para a agricultura.

> Observa-se que a extrafiscalidade dos tributos, notadamente, do II, IPI e ICMS, é o principal instrumento de incentivo ao modus operandi do agronegócio. Desse modo, ao se aplicar o princípio da seletividade do ICMS produz se um efeito econômico oposto ao receituário teórico, que preconiza abordagens regulatórias que levam os agentes geradores de poluição a internalizarem o custo marginal externo e não os beneficiar, pois isso estimula o aumento do custo marginal externo da produção agropecuária. (Cunha; Soares, 2019, p. 52)

Assim, pressupõe-se grande impacto na economia causado pela concessão de benefícios fiscais sobre os agrotóxicos. A produção de alimentos, óleos e outros insumos é muito grande no Brasil, o que o coloca à frente na produção agroindustrial.

Outra iniciativa utilizada para incentivar as exportações do agronegócio foi, segundo a Abrapa (2009), o *drawback* verde-amarelo, criado por meio da Instrução Normativa RFB n. 845/2008. Trata-se de:

> Drawback verde-amarelo é o regime especial que permite que as mercadorias adquiridas pelo estabelecimento

autorizado a operar o regime sejam feitas com suspensão de PIS, COFINS e IPI, desde que estas mercadorias (matérias-primas, produtos intermediários e materiais de embalagem) sejam incorporadas ao produto a ser exportado. Porém, em razão de expressa limitação prevista em lei (art. 59 da Lei nº 10.833/03), este regime prevê necessariamente a conjugação de importações, com o tratamento conferido ao drawback tradicional, e aquisições no mercado interno, para incorporação em produto a ser exportado (Abrapa, 2009, p. 1)

Portanto, o requisito para concessão desse benefício é que as mercadorias sejam incorporadas ao produto final que é exportado.

Trata-se de um incentivo criado para o momento determinado que passava por crise e precisava de intervenção do ente que o criou.

A Abrapa (2009, p. 1) evidencia que "a partir da edição da Portaria Conjunta RFB/SECEX nº 1.460, de 18/09/2008, o drawback verde-amarelo passou funcionar".

Entretanto, foi por meio da Portaria Conjunta RFB/Secex n. 467/2010 que foi instituído o *drawback* integrado pelo Governo Federal.

Esse novo regime de *drawback*, segundo a Abrapa (2009), permitiu adquirir no mercado interno ou importar mercadoria para uso ou consumo no desenvolvimento de produto a ser exportado, com suspensão de PIS, COFINS e IPI.

Ainda, esse regime também recai sobre o PIS/COFINS, nos insumos que não incidam em vedação à apuração de créditos.

São modalidades de *drawback* integrado a suspensão, que basicamente suspende impostos sobre os insumos utilizados na industrialização, reparo, na criação cultivo do produto que será exportado (Grupo Serpa, 2019).

Ainda, estão qualificados para essa modalidade insumos importados ou adquiridos no Brasil os quais "precisem passar por um processo de transformação, montagem, renovação ou acondicionamento antes de estarem prontos para a exportação" (Grupo Serpa, 2019).

Todavia, se ocasionalmente acontecer a não efetivação da exportação, o insumo deve ser devolvido à origem ou pago na forma de tributo.

Outra forma é o *drawback* integrado isenção, que é bem parecido com a utilização comum desse incentivo, com a diferença de que este permite isenção de tributos para a compra de insumos no exterior e no mercado nacional.

Esse benefício pode ser usado em até dois anos depois da mercadoria ter sido comprada, desde que se preencham os requisitos de ter sido usada "para a criação, cultivo, atividade de extração ou reparo de produto que já foi exportado" (Grupo Serpa, 2019).

São restituídos nessa modalidade os valores do II, IPI, PIS e Cofins que foram recolhidos quando os insumos foram adquiridos.

Na época de oferecimento do *drawback* verde-amarelo, o país passava por forte turbulência causada pela crise mundial, o que acarretou a queda do preço dos produtos, e essa concessão foi uma das iniciativas para contornar tal situação.

SÍNTESE

- Os benefícios fiscais no comércio exterior são fundamentais para incentivar a competitividade, pois o comércio internacional favorece o desenvolvimento das grandes empresas.
- São benefícios de âmbito restrito os oferecidos por determinado ente do governo, ajustando-se em algumas regiões, atividades e/ou setores, sendo restritos a essas localidades pela legislação.
- A política de estímulos fiscais brasileira é o dirigismo, e não o intervencionismo, ou seja, os contratos fiscais são dirigidos pelo Estado.
- Os incentivos estaduais são aqueles que, por lei, restringem-se às empresas localizadas em uma unidade federativa.
- Os incentivos federais encontram-se legalmente disponíveis para empresas que se localizem em um dos estados brasileiros.
- São incentivos regionais os utilizados apenas para determinadas regiões.
- Consideram-se incentivos municipais aqueles definidos por parte da administração de cada cidade.
- Os benefícios fiscais restritos ao comércio exterior têm por fim o oferecimento de suporte para que os exportadores possam encontrar linhas de crédito e incentivos financeiros que se adequem às suas necessidades.
- Os incentivos fiscais à exportação são medidas que beneficiam o exportador reduzindo-lhe a carga tributária.
- Em resumo, consideram-se como incentivos a imunidade, a não incidência, a manutenção de créditos e o *drawback*.

ESTUDO DE CASO
Texto introdutório

A legislação tributária abrange os tributos municipais, estaduais, federais e internacionais, no caso do comércio exterior. O Brasil é um país que exporta e importa produtos e certamente está inserido no pagamento de tributos de todas as esferas. O desafio é discorrer sobre todos os tributos possíveis no caso determinado.

Texto do caso

O direito tributário ou fiscal tem como objeto de estudo o sistema jurídico que regula o estabelecimento e a aplicação dos impostos. Além disso, estuda as normas jurídicas por meio das quais o Estado exerce sua competência tributária com o objetivo de obter renda de pessoas físicas que servem para custear gastos públicos em áreas de realização do bem comum. No ordenamento jurídico da receita pública, é possível definir um setor correspondente à receita tributária, que, pela sua importância na atividade financeira do Estado e pela homogeneidade de sua regulamentação, adquiriu tratamento substantivo.

Uma empresa brasileira baseada hipoteticamente no estado de São Paulo, na cidade de Itupeva, estabelecida há cerca de 20 anos, vende suco de laranja de qualidade para o mercado nacional e internacional.

Essa empresa abastece semanalmente os supermercados de sua região e encaminha quinzenalmente seus produtos para o Porto de Santos, a fim de seguirem para os Estados Unidos, seu maior consumidor internacional.

O faturamento da empresa é adequado à classificação de empresa de pequeno porte, segundo a legislação tributária brasileira.

Com base nessas informações e nos estudos sobre a legislação tributária, informe quais são os tributos que a empresa deve pagar para vender seu produto.

Resolução

O conteúdo do direito tributário divide-se em parte geral e parte especial. A parte geral inclui os aspectos materiais e os de natureza formal ou processual, entre os quais: princípios tributários constitucionais, fontes de regulação, aplicação temporal e espacial, interpretação das normas, classificação dos impostos e suas características, modalidades de determinação das bases tributárias, infrações e sanções fiscais, isenção de dívidas, procedimentos de cobrança, fiscalização e revisão dos atos administrativos e estudo dos órgãos da administração fiscal.

O conteúdo da parte especial concentra-se nas disposições específicas de cada um dos impostos que integram o sistema tributário de um país.

Desse modo, diante do caso apresentado, o administrador financeiro da empresa e/ou o empreendedor devem ter em mente que os tributos são os impostos, as taxas e as contribuições no ordenamento jurídico brasileiro. Os principais tributos instituídos por lei que recaem sobre as empresas no Brasil, de modo geral, são: tributos federais, a saber: Imposto de Renda Pessoa Jurídica (IRPJ); Imposto sobre Produto Industrializado (IPI); Contribuição para o Programa de Integração Social (PIS); Contribuição Social sobre o Faturamento das Empresas (Cofins); Imposto sobre Exportações (IE) para as mercadorias nacionais destinadas ao exterior.

Os tributos estaduais são: Imposto Sobre Circulação de Mercadorias e Prestação de Serviços (ICMS), e os tributos municipais são: Imposto Sobre Serviços de qualquer natureza (ISS) e o Imposto Predial Territorial Urbano (IPTU) do imóvel onde a empresa está baseada. Se for o caso, a empresa deve pagar a contribuição de melhoria.

Com relação aos funcionários, há as contribuições previdenciárias do Instituto Nacional de Seguridade Social (INSS), e a empresa pode contar com o Simples Nacional, recolhendo todos os tributos federais, estaduais e municipais em uma única guia, que tem alíquota diferenciada conforme o faturamento da empresa, separada em faixas até a receita bruta anual de até R$ 4,8 milhões.

Dica 1
Como definir os tributos que devem ser pagos pela empresa?

O empreendedor e/ou o administrador financeiro da empresa deve ater-se ao sistema de obrigações fiscais brasileiro regulado pelo ordenamento jurídico brasileiro, como a CF/1988, o CTN, as leis estaduais e municipais.

Dica 2
O que o administrador-financeiro deve saber para realizar o planejamento do pagamento dos tributos?

O empreendedor e/ou o responsável pela administração financeira da empresa deve saber que a necessidade de planejamento é real em uma empresa, com vistas a implementar uma rotina organizada. A gestão financeira possibilita que o administrador financeiro realize a análise e o controle das atividades financeiras da empresa, sendo possível tomar decisões assertivas e maximizar os resultados financeiros, por exemplo, fazer o fluxo de caixa e a verificação de estoques.

Consulte o *site* do Sebrae, no *link* a seguir, para saber mais a respeito.

Disponível em: <https://www.sebrae.com.br/sites/PortalSebrae>. Acesso em: 22 jul. 2021.

Dica 3
O que o administrador-financeiro da empresa deve saber para não dar causa à evasão fiscal?

As empresas que cometem evasão fiscal são penalizadas por sanções legais, então o administrador financeiro da empresa deve estar atento para não dar causa às ações que podem configurar fraude, omissão ou adulteração do valor devido ao Fisco de quaisquer tributos. Há de se levar em conta que existem maneiras legais de reduzir tributos por meio do planejamento tributário, não incorrendo em nenhum ilícito.

Para tanto, consulte o *site* a seguir, que tece considerações a respeito desse tema.

Disponível em: <https://maisretorno.com/blog/termos/e/evasao-fiscal>. Acesso em: 22 jul. 2021.

Considerações finais

Nesta obra, a fim de superar os desafios inerentes à transmissão do conhecimento, optamos por referenciar uma parcela significativa da literatura especializada e dos estudos científicos a respeito dos temas abordados. Além disso, reunimos uma diversidade de indicações para enriquecer o processo de construção de conhecimentos aqui almejados e procuramos oferecer aportes práticos com relação à informação.

Inicialmente, contemplamos o conceito de tributo, examinando as diferentes espécies tributárias.

Tratamos também do conceito de obrigação tributária, englobando o fato gerador e a base de cálculo.

Na sequência, examinamos os princípios constitucionais do direito tributário e as legislações aplicáveis a esse ramo no Brasil. Então, adentramos o comércio exterior e os tributos aplicáveis a esse tipo de comércio.

Ressaltamos a importâcia do planejamento tributário, elencando o seu conceito e como ele é aplicável no Brasil, incluindo os tipos de tributo empregados nesse planejamento.

Por fim, abordamos o comércio exterior e a aplicação do direito tributário nesse comércio, discutindo a alíquota tributária e os benefícios fiscais.

Após a leitura, é possível perceber a importância de compreendermos o direito tributário e a relevância dos tributos para o desenvolvimento do país.

Referências

ABRAHÃO, M. A. **A elisão fiscal como ferramenta para o planejamento tributário**. 47 f. Monografia (Graduação em Ciências Contábeis) – Universidade Federal de Santa Catarina, 2011. Disponível em: <http://tcc.bu.ufsc.br/Contabeis295994>. Acesso em: 22 jul. 2021.

ABRAPA – Associação Brasileira dos Produtores de Algodão. Drawback integrado, um incentivo às exportações do agronegócio. **Jornal da Abrapa**, ano X, n. 109, mar. 2009. Disponível em: <https://www.abrapa.com.br/BibliotecaInstitucional/Publica%C3%A7%C3%B5es/Jornal%20da%20Abrapa%20%E2%80%93%202009/Mar%C3%A7o%202009%20n%20109.pdf>. Acesso em: 22 jul. 2021.

ALVARENGA, L. **Tributos e impostos**: Qual a diferença? 2020. Disponível em: <https://www.jornalcontabil.com.br/tributos-e-impostos-qual-a-diferenca/>. Acesso em: 22 jul. 2021.

AMARO, L. **Direito tributário brasileiro**. 15. ed. São Paulo: Saraiva, 2009.

BALEEIRO, A. **Uma introdução à ciência das finanças**. 15. ed. Rio de Janeiro: Forense, 2015.

BASTOS, C. R. **Curso de direito financeiro e de direito tributário**. São Paulo: Saraiva, 1995.

BECKER, A. A. **Teoria geral do direito tributário**. São Paulo: Lejus, 1998.

BRASIL. Constituição (1988). **Diário Oficial da União**, Brasília, DF, 5 out. 1988. Disponível em: <http://www.planalto.gov.br/ccivil_03/constituicao/constituicao.htm>. Acesso em: 22 jul. 2021.

BRASIL. Decreto n. 660, de 25 de setembro de 1992. **Diário Oficial da União**, Brasília, DF, 28 set. 1992a. Disponível em: <http://www.planalto.gov.br/ccivil_03/decreto/1990-1994/d0660.htm>. Acesso em: 22 jul. 2021.

BRASIL. Decreto n. 3.000, de março de 1999. **Diário Oficial da União**, Brasília, DF, 26 mar. 1999. Disponível em: <http://www.planalto.gov.br/ccivil_03/decreto/d3000.htm>. Acesso em: 22 jul. 2021.

BRASIL. Decreto n. 4.732, de 10 de junho de 2003. **Diário Oficial da União**, Brasília, DF, 11 jun. 2003a. Disponível em: <http://www.planalto.gov.br/ccivil_03/decreto/2003/d4732.htm>. Acesso em: 22 jul. 2021.

BRASIL. Decreto n. 6.759, de 5 de fevereiro de 2009. **Diário Oficial da União**, Brasília, DF, 6 fev. 2009a. Disponível em: <http://www.planalto.gov.br/ccivil_03/_ato2007-2010/2009/decreto/d6759.htm>. Acesso em: 22 jul. 2021.

BRASIL. Decreto n. 7.304, de 22 de setembro de 2010. **Diário Oficial da União**, Brasília, DF, 23 set. 2010. Disponível em: <http://www.planalto.gov.br/ccivil_03/_ato2007-2010/2010/decreto/d7304.htm>. Acesso em: 22 jul. 2021.

BRASIL. Decreto n. 7.482, de 16 de maio de 2011. **Diário Oficial da União**, Brasília, DF, 17 maio 2011. Disponível em: <http://www.planalto.gov.br/ccivil_03/_ato2011-2014/2011/decreto/d7482.htm>. Acesso em: 22 jul. 2021.

BRASIL. Decreto-Lei n. 195, de 24 de fevereiro de 1967. **Diário Oficial da União**, Brasília, DF, 27 fev. 1967. Disponível em: <http://www.planalto.gov.br/ccivil_03/decreto-lei/del0195.htm>. Acesso em: 22 jul. 2021.

BRASIL. Decreto-Lei n. 1.940, de 25 de maio de 1982. **Diário Oficial da União**, Brasília, DF, 26 maio 1982. Disponível em: <http://www.planalto.gov.br/ccivil_03/decreto-lei/del1940.htm>. Acesso em: 22 jul. 2021.

BRASIL. Lei Complementar n. 65, de 15 de abril de 1991. **Diário Oficial da União**, Brasília, DF, 16 abr. 1991. Disponível em: <https://legislacao.presidencia.gov.br/atos/?tipo=LCP&numero=65&ano=1991&ato=e57ETS6511.914/UMFpWT332>. Acesso em: 22 jul. 2021.

BRASIL. Lei Complementar n. 128, de 19 de dezembro de 2008. **Diário Oficial da União**, Brasília, DF, 22 dez. 2008. Disponível em: <http://www.planalto.gov.br/ccivil_03/leis/lcp/lcp128.htm>. Acesso em: 22 jul. 2021.

BRASIL. Lei n. 4.191, de 24 de dezembro de 1962. **Diário Oficial da União**, Brasília, DF, 24 dez. 1962. Disponível em: <http://www.planalto.gov.br/ccivil_03/leis/1950-1969/L4191.htm>. Acesso em: 22 jul. 2021.

BRASIL. Lei n. 4.320, de 17 de março de 1964. **Diário Oficial da União**, Brasília, DF, 23 mar. 1964a. Disponível em: <http://www.planalto.gov.br/ccivil_03/Leis/L4320.htm>. Acesso em: 22 jul. 2021.

BRASIL. Lei n. 4.502, de 30 de novembro de 1964. **Diário Oficial da União**, Poder Executivo, Brasília, DF, 30 nov. 1964b. Disponível em: <http://www.planalto.gov.br/ccivil_03/leis/l4502.htm>. Acesso em: 22 jul. 2021.

BRASIL. Lei n. 5.172, de 25 de outubro de 1966. **Diário Oficial da União**, Brasília, DF, 27 out. 1966. Disponível em: <http://www.planalto.gov.br/ccivil_03/leis/l5172compilado.htm>. Acesso em: 22 jul. 2021.

BRASIL. Lei n. 6.404, de 15 de dezembro de 1976. **Diário Oficial da União**, Brasília, DF, 17 dez. 1976. Disponível em: <http://www.planalto.gov.br/ccivil_03/leis/l6404compilada.htm>. Acesso em: 22 jul. 2021.

BRASIL. Lei n. 8.137, de 27 de dezembro de 1990. **Diário Oficial da União**, Brasília, DF, 27 dez. 1990. Disponível em: <http://www.planalto.gov.br/ccivil_03/leis/l8137.htm>. Acesso em: 22 jul. 2021.

BRASIL. Lei n. 8.402, de 8 de janeiro de 1992. **Diário Oficial da União**, Brasília, DF, 9 jan. 1992b. Disponível em: <http://www.planalto.gov.br/ccivil_03/leis/l8402.htm>. Acesso em: 22 jul. 2021.

BRASIL. Lei n. 9.363, de 13 dezembro de 1996. **Diário Oficial da União**, Brasília, DF, 17 dez. 1996. Disponível em: <http://www.planalto.gov.br/ccivil_03/Leis/L9363.htm>. Acesso em: 22 jul. 2021.

BRASIL. Lei n. 10.637, de 30 de dezembro de 2002. **Diário Oficial da União**, Brasília, DF, 31 dez. 2002. Disponível em: <http://www.planalto.gov.br/ccivil_03/leis/2002/l10637.htm>. Acesso em: 22 jul. 2021.

BRASIL. Lei n. 10.833, de 29 de dezembro de 2003. **Diário Oficial da União**, Brasília, DF, 29 dez. 2003b. Disponível em: <http://www.planalto.gov.br/ccivil_03/leis/2003/l10.833.htm>. Acesso em: 22 jul. 2021.

BRASIL. Lei n. 11.638, de 28 de dezembro de 2007. **Diário Oficial da União**, Brasília, DF, 28 dez. 2007. Disponível em: <http://www.planalto.gov.br/ccivil_03/_ato2007-2010/2007/lei/l11638.htm>. Acesso em: 22 jul. 2021.

BRASIL. Lei n. 11.941, de 27 de maio de 2009. **Diário Oficial da União**, Brasília, DF, 27 maio 2009b. Disponível em: <http://www.planalto.gov.br/ccivil_03/_ato2007-2010/2009/lei/l11941.htm>. Acesso em: 22 jul. 2021.

BRASIL. Lei n. 12.814, de 16 de maio de 2013. **Diário Oficial da União**, Brasília, DF, 17 maio 2013. Disponível em: <http://www.planalto.gov.br/ccivil_03/_ato2011-2014/2013/lei/l12814.htm>. Acesso em: 22 jun. 2021.

BRASIL. Ministério da Economia. Secretaria Especial de Comércio Exterior e Assuntos Internacionais/Secretaria de Comércio Exterior. Portaria n. 44, de 24 de julho de 2020. **Diário Oficial da União**, Brasília, DF, 27 jul. 2020. Disponível em: https://www.in.gov.br/en/web/dou/-/portaria-n-44-de-24-de-julho-de-2020-268684638. Acesso em: 22 jul. 2021.

CAMPOS, A. C.; PONCIANO, N. J. Eliminação dos impostos sobre as exportações do agronegócio e seus efeitos no comportamento da economia. **Revista Brasileira de Economia**, Rio de Janeiro, v. 57, n. 3, p. 637-658, set. 2003. Disponível em: <http://www.scielo.br/scielo.php?script=sci_arttext&pid=S0034-71402003000300006&lng=en&nrm=iso>. Acesso em: 22 jul. 2021.

CASTRO, C. J. F. Principais impostos incidentes no comércio exterior brasileiro. **Revista Internacional de Investigación en Ciencias Sociales**, Asunción, v. 9, n. 2 p. 235-260, dic. 2013. Disponível em <http://scielo.iics.una.py/scielo.php?script=sci_arttext&pid=S2226-40002013000200006&lng=en&nrm=iso>. Acesso em: 22 jul. 2021.

CASTRO, F. de A. V. de. Planejamento tributário: a lógica do sistema e o manicômio jurídico tributário. **Caderno de Temas Jurídico**, Florianópolis: Ordem dos Advogados do Brasil, Seção Santa Catarina, n. 106, maio 2002.

CASTRO, V. O. de; JUNQUEIRA, I. V. **Planejamento tributário**: um estudo comparativo simples nacional × lucro presumido numa empresa de transporte de passageiros na cidade de Volta Redonda. 89 f. Trabalho de Conclusão de Curso (Graduação em Ciências Contábeis) – Universidade Federal Fluminense, Volta Redonda, RJ, 2016. Disponível em: <https://app.uff.br/riuff/bitstream/1/7472/2/Isabella%20Vilela%20 Junqueira%20-%20Vanessa%20Oliveira%20de%20Castro.pdf>. Acesso em: 22 jul. 2021.

CHC ADVOCACIA. **Como funciona o benefício do Crédito Tributário? Quem tem direito?** 29 jun. 2018. Disponível em: <https://chcadvocacia.adv.br/ blog/credito-fiscal/#:~:text=O%20lucro%20real%20%C3%A9%20 um,o%20lucro%20efetivo>. Acesso em: 22 jul. 2021.

CHIESA, C. Isenção. **Enciclopédia Jurídica da PUCSP**, 1º maio 2019. Disponível em: <https://enciclopediajuridica.pucsp.br/verbete/290/edicao-1/ isencao>. Acesso em: 22 jul. 2021.

COÊLHO, S. C. N. **Curso de direito tributário brasileiro**. Rio de Janeiro: Forense, 1999.

CUNHA, L. N. da; SOARES, W. L. Os incentivos fiscais aos agrotóxicos: estimativa da renúncia de ICMS em 2006. **Revista Iberoamericana de Economía Ecológica**, v. 31, n. 1, p. 46-66, 2019. Disponível em: <https:// ddd.uab.cat/pub/revibec/revibec_a2019v31/revibec_a2019v31p46. pdf>. Acesso em: 22 jul. 2021.

DINIZ, M. H. **Direito civil brasileiro**: teoria geral do direito civil. São Paulo: Saraiva, 2010.

FERREIRA, C. et al. **Utilização dos incentivos fiscais e financeiros para a exportação como estratégia de competitividade**. jan. 2004. Disponível em: <https://www.researchgate.net/publication/281910542_Utilizacao_ dos_Incentivos_Fiscais_e_Financeiros_para_a_Exportacao_como_ Estrategia_de_Competitividade>. Acesso em: 22 jul. 2021.

FIGUEREDO, F. et al. **Incentivos fiscais, financeiros e regimes aduaneiros vinculados a atividade exportadora no Brasil**. dez. 2014. Disponível em: <https://www.researchgate.net/publication/323713041_Incentivos_ Fiscais_Financeiros_e_Regimes_Aduaneiros_Vinculados_a_Atividade_ Exportadora_no_Brasil>. Acesso em: 22 jul. 2021.

FONSECA, L. S. **Noções de direito tributário**. Curitiba: Ed. da UFPR, 2008.

GODOI, M. S. de; FERRAZ, A. K. Planejamento tributário e simulação: estudo e análise dos casos Rexnord e Josapar. **Revista Direito GV**, São

Paulo, v. 8, n. 1, p. 359-379, jun. 2012. Disponível em: <http://www.scielo.br/scielo.php?script=sci_arttext&pid=S1808-24322012000100014&lng=en&nrm=iso>. Acesso em: 22 jul. 2021.

GONTIJO, D. C. A. Bitributação internacional: as medidas internas e internacionais para evitá-la ou diminuí-la. **Consultor Jurídico**, 20 dez. 2014. Disponível em: <https://conteudojuridico.com.br/consulta/Artigos/42476/bitributacao-internacional-as-medidas-internas-e-internacionais-para-evita-la-ou-diminui-la>. Acesso em: 22 jul. 2021.

GRUPO SERPA. **Benefícios para sua empresa com o drawback integrado**. 3 abr. 2019. Disponível em: <https://www.gruposerpa.com.br/drawback-integrado/>. Acesso em: 22 jun. 2021.

HENZE, R. **Legislação tributária municipal**: para todos os municípios. 2019. Disponível em: <https://free-content.direcaoconcursos.com.br/demo/curso-3301.pdf>. Acesso em: 14 jun. 2021.

KEEDI, S. **ABC do comércio exterior**: abrindo as primeiras páginas. 2. ed. Aduaneiras, São Paulo: 2004.

LACOMBE, A. L. M. Algumas considerações sobre os incentivos fiscais. **Revista de Administração de Empresas**, São Paulo, v. 9, n. 4, p. 107-117, dez. 1969. Disponível em: <http://www.scielo.br/scielo.php?script=sci_arttext&pid=S0034-75901969000400006&lng=pt&nrm=iso>. Acesso em: 22 jul. 2021.

LUKIC, M. de S. R. **Tributos em espécie**. Rio de Janeiro: Fundação Getulio Vargas, 2014. Disponível em: <https://direitorio.fgv.br/sites/direitorio.fgv.br/files/u100/tributos_em_especie_2014-1.pdf>. Acesso em: 22 jul. 2021.

MACEDO, L. C. L.; PORTO, P. C. de S. Aspectos Legais e Econômicos do Acordo de Facilitação Comercial da OMC. XIX Congresso Nacional do Conpedi, 19., 2010. Florianópolis, 13 a 16 out. 2010. Disponível em: <https://www.unisantos.br/upload/menu3niveis_1297344806081_aspectos_acordo_de_facilitacao_comercial_conpedi.pdf>. Acesso em: 22 jul. 2021.

MACHADO, H de B. Confissão irretratável de dívida tributária nos pedidos de parcelamento. **Revista Dialética de Direito Tributário**, n. 145, p. 51-53, out. 2007.

MACHADO, H. de B. **Curso de direito tributário**. São Paulo: Malheiros, 2016.

MACHADO SEGUNDO, H. de B. **Curso de direito tributário**. São Paulo: Malheiros, 2005.

MACHADO SEGUNDO, H. de B. **Manual de direito tributário**. 10. ed. São Paulo: Atlas, 2018.

MACHADO SEGUNDO, H. de B. **Manual de direito tributário**. 11. ed. São Paulo: Atlas, 2019.

MAIA, J. **Economia internacional e comércio exterior**. 9. ed. São Paulo: Atlas, 2004.

MANTAIA, C. A. Obrigação tributária e seus aspectos legais. **Âmbito Jurídico**, 1º ago. 2016. Disponível em: <https://ambitojuridico.com.br/cadernos/direito-tributario/obrigacao-tributaria-e-seus-aspectos-legais/>. Acesso em: 22 jul. 2021.

MASTER SUL. **Valor aduaneiro**: aprenda a calcular os impostos da importação. 2018. Disponível em: <https://mastersul.com.br/blog/valor-aduaneiro-aprenda-calcular-os-impostos-da-importacao/>. Acesso em: 22 jul. 2021.

MATIAS, A. **Mercosul**. Disponível em: <https://brasilescola.uol.com.br/geografia/mercosul.htm>. Acesso em: 22 jul. 2021.

MOREIRA, A. M. Elisão e evasão fiscal: limites ao planejamento tributário. **Revista da Associação Brasileira de Direito Tributário**, Belo Horizonte, v. 1, p. 11-17, mar./abr. 2003. Disponível em: <https://sachacalmon.com.br/wp-content/uploads/2010/10/O-Planejamento-Tributario-sob-a-otica-do-Codigo-Tributario-Nacional.pdf>. Acesso em: 22 jul. 2021.

PESSOA, R. S. A utilização de medidas compensatórias e de salvaguardas como instrumentos de defesa comercial no Brasil. **Conteúdo Jurídico**, 28 nov. 2016. Disponível em: <https://conteudojuridico.com.br/consulta/Artigos/47861/a-utilizacao-de-medidas-compensatorias-e-de-salvaguardas-como-instrumentos-de-defesa-comercial-no-brasil>. Acesso em: 22 jul. 2021.

PORTAL TRIBUTÁRIO. **Crédito tributário**. Disponível em: <http://www.portaltributario.com.br/tributario/creditostributarios.htm>. Acesso em: 22 jun. 2021.

PORTELLA, A. **Legislação tributária**. Salvador: UFBA, Faculdade de Ciências Contábeis; Superintendência de Educação a Distância, 2018.

POYER, M. da G.; RORATTO, R. P. **Introdução ao comércio exterior**: livro didático. Palhoça: UnisulVirtual, 2017. Disponível em: <https://www.uaberta.unisul.br/repositorio/recurso/14690/pdf/intro_com_ext_livro.pdf>. Acesso em: 22 jul. 2021.

RECEITA FEDERAL. **Glossário**: valor aduaneiro da mercadoria. Disponível em: <http://www4.receita.fazenda.gov.br/simulador/glossario.html>. Acesso em: 22 jun. 2021.

RODRIGUES, B. S. Mercosul: 25 anos de avanços e desafios. **Revista Neiba**, Rio de Janeiro: UERJ, v. 5, n. 1, 2016. Disponível em: <https://www.e-publicacoes.uerj.br/index.php/neiba/article/view/27486>. Acesso em: 22 jul. 2021.

RODRIGUES, L. A. B. **Direito e legislação tributária**. 3. ed. Florianópolis: UFSC; Brasília: CAPES: UAB, 2015.

SABBAG, E. **Manual de direito tributário**. 8. ed. São Paulo: Saraiva, 2016.

SANTIAGO, E. **Administração tributária**. 2019. Disponível em: <https://www.infoescola.com/administracao_/administracao-tributaria/>. Acesso em: 22 jun. 2021.

SÃO PAULO (Estado). Lei Complementar n. 939, de 3 de abril de 2003. **Diário Oficial**, São Paulo, SP, 4 abr. 2003. Disponível em: <https://www.al.sp.gov.br/repositorio/legislacao/lei.complementar/2003/lei.complementar-939-03.04.2003.html>. Acesso em: 22 jul. 2021.

SEBRAE – Serviço de Apoio às Micro e Pequenas Empresas. **Pagando muitos impostos?** Conhecendo Planejamento Tributário! Disponível em: <https://www.sebrae.com.br/Sebrae/Portal%20Sebrae/UFs/TO/Anexos/%5BeBook%20SebraeBA%5D%20Pagando%20muitos%20impostos%20Conhecendo%20Planejamento%20Tribut%C3%A1rio.pdf>. Acesso em: 22 jun. 2021.

SILVA, J. P. da. **Manual de Introdução ao direito**. Cabedelo, PB: IESP, 2014. Disponível em: <https://www.iesp.edu.br/sistema/uploads/arquivos/publicacoes/manual-de-introducao-ao-estudo-do-direito.pdf>. Acesso em: 22 jul. 2021.

SOUZA, R. Q. de. Entenda o crime contra a ordem tributária. **Jus**, jul. 2018. Disponível em: <https://jus.com.br/artigos/67762/entenda-o-crime-contra-a-ordem-tributaria#:~:text=Os%20crimes%20contra%20a%20ordem,de%20tributo%20ou%20contribui%C3%A7%C3%A3o%20social>. Acesso em: 22 jul. 2021.

TATAGIBA, M. V. **O que é antidumping e qual é o impacto no mercado de calçados no Brasil**. 5 ago. 2020. Disponível em: <https://www.abracomex.org/antidumping-o-que-e-impacto-calcados>. Acesso em: 22 jun. 2021.

THIEBAUT, A. H. dos S. Legislação tributária, conceitos e aplicações. **Revista Cosmos Acadêmico**, v. 2, n. 1, jan./jul. 2017. Disponível em: <https://multivix.edu.br/wp-content/uploads/2019/01/revista-cosmos-academico-v01-n02-artigo-05.pdf>. Acesso em: 22 jun. 2021.

TORRES, R. L. A legalidade tributária e os seus princípios constitucionais. **Revista de Direito Processual Geral**, Rio de Janeiro, v. 58, p. 193-219, 2004. Disponível em: <https://pge.rj.gov.br/comum/code/MostrarArquivo.php?C=MTYxNg%2C%2C>. Acesso em: 22 jul. 2021.

TORRES, R. L. **Curso de direito financeiro e tributário**. Rio de Janeiro: Renovar, 2009.

VASCONCELLOS, S. R. A natureza jurídica do tributo. **Conteúdo Jurídico**, Brasília, DF, 24 set. 2015. Disponível em: <http://www.conteudojuridico.com.br/consulta/Artigos/45212/a-natureza-juridica-do-tributo>. Acesso em: 22 jun. 2021.

VIERA, G. **Regulamento no comércio internacional**. São Paulo: Aduaneiras, 2002.

WESLEY, C. Alíquota: veja o que é e como funciona. **Rede Jornal Contábil**, 17 jul. 2020. Disponível em: <https://www.jornalcontabil.com.br/aliquota-veja-o-que-e-e-como-funciona/>. Acesso em: 22 jul. 2021.

Sobre a autora

Adriana Ferreira Serafim de Oliveira é doutora em Educação pela Universidade Estadual Paulista (Uesp), *campus* Rio Claro, com ênfase em inclusão social, tratados internacionais, políticas públicas e violência contra a mulher. Tem estágio doutoral em Psicologia Social com bolsa PSDE – CAPES na Universidad Complutense de Madrid – Facultad de Ciencias Políticas y Sociología, com pesquisas desenvolvidas em Madrid e Salamanca quanto aos serviços públicos de atendimento à mulher vítima de violência de gênero com apoio da Facultad de Derecho de la Universidad Complutense de Madrid. Tem experiência em metodologia qualitativa. É mestra em Direitos Fundamentais Difusos e Coletivos pela Universidade Metodista de Piracicaba, com ênfase em Direitos Humanos e Direito Internacional, com bolsa do programa PROSUP-CAPES. É pós-graduada em Política e Relações Internacionais pela Fundação Escola de Sociologia e Política de São Paulo (FESP-SP) e bacharel em Direito pela Instituição Toledo de Ensino de Bauru (ITE). Tem licenciatura em Letras-Português pelo Centro Universitário Claretiano e pós-doutorado em Direito Político e Econômico pela Universidade Presbiteriana Mackenzie, São Paulo. É professora revisora, conteudista e parecerista de material didático e periódicos qualificados.

Os papéis utilizados neste livro, certificados por instituições ambientais competentes, são recicláveis, provenientes de fontes renováveis e, portanto, um meio **respons**ável e natural de informação e conhecimento.

FSC
www.fsc.org
MISTO
Papel produzido
a partir de
fontes responsáveis
FSC® C103535

Impressão: Reproset
Outubro/2021